霧に消えゆく昭和と戦中派

敗戦前後の映画的回想

桜井修
小河原あや

はしがき

「霧に消えゆく昭和と戦中派」の光景――霧が晴れてしまう直前に、映画を愛する一人の男の言葉が、しずくを集めて水面にその輪郭を映じる。

＊

本書は、昭和元年に生まれた一人の人物の語る言葉をすくい取り、平成から令和に変わった今、消え去ろうとしている戦前から戦争直後の光景をとどめようとするものである。それは、既に映画やＴＶや小説で知られているもののように思われるかもしれない。しかし、ここに収められた語りはそれらとは違う。言葉が私たちの感覚を通じて、映画のように像を結ぶのである。

それは語っている人物が、映画を愛する少年――戦中戦後に、青年、そして大人へと成長していく――だからである。彼は経験を映像として心に留めた。その心象がいま、言葉のかたちで届けられる。「映画的回想」である。

＊

本文からいくつかその断片を取り出してみよう。

（…）先生と朝一緒になって商店街に入ると、ほとんどの商店から父親や母親が飛び出してきて、前掛けや鉢巻を外して「先生、いつも息子がお世話になって」と言う。先生はソフト帽を取って「やあやあ」と応える。（46頁）

日本の高射砲がアメリカの爆撃機に命中する時があった。それは花火なんてものではなくて、物凄い光景だ。わーっと空が盛り上がり、その残骸が下に落ちていく。すると私は物干し台で拍手をした。（…）その間に下町がどんどん燃えていくのが分かった。（95頁）

やっと水槽から這い上がったら、これは経験しないと分からないのだけれど、もう何にも見えないんだよ。いわゆる爆風のせいだ。（…）少しでもその爆風の来ない方向へと這って行ったんだね。そうしたら、今でもよく覚えているけれど、その爆風の中で私の耳に、大勢で寮歌を歌っている、その歌が届いてきた。(99～100頁)

みんな銀行の毛布を使って、客溜まりのソファーで寝るわけだよ。(…) それが一時間や二時間うとうとすると、ぷわーんと白粉の匂いで目が覚める。女性職員が私を覗き込んでいるんだね。(183頁)

最初の断片で、「やあやあ」という小気味よいリズムと共に私たちに見えてくるのは、戦前の平和な頃、商店街の両側に慌てて出てきて慎ましくお辞儀をする店の人々と、その中を片手で軽くソフト帽を持ち上げながら威風堂々と歩く先生の様子だ。次の断片からは、空襲の最中、暗い空に広がる真っ赤な火の粉と、白ばんで落ちてゆく灰、その向こうの物干し台で様子を見守る少年である。私達はいつしか、彼とともに日本の戦闘機に拍手し、炎の広がる下町を案ずる。

三つ目の断片では、爆風で視界を遮られたまま路上を這う少年の視点を共有しつつ、暗い中で不意に聞こえてくる歌声に一縷の望みを見出すことになる。最後の断片では、戦後平和が戻りつつある頃、ソファーに横たわる男性職員たちと、華やかな出で立ちでやって来て彼らを覗き込む女性職員たちの光景が、白粉の香りとともに浮かび上がる。

こうして、言葉の喚起するリズム、色彩、視点、歌声、そして香りまでが、私たちの感覚に働きかけ、心の水面に光景を映し出していくのである。

＊

語るのは、桜井修氏である。氏は、住友信託銀行（現・三井住友信託銀行）社長・会長を歴任されると共に、映画評論を数多く執筆され、優秀映画鑑賞会を組織、また映倫の委員も務めておられた。

聞き手は、桜井氏から見れば孫のような世代の、しかし氏と同じく映画を愛する、一人の母親である――氏のお話を先々の世代まで残したいという願いが、本書の生まれるきっかけとなった。本書は、この無知な聞き手が間の抜けた質問をしたり、お話に感じ入ったりする様子を残す形で編まれている。そこから氏の語りの貴さが浮かび上がるのを願ってのことである。

＊

氏の語りは基本的に、編年体で編まれている。まず「一市民が語り残す」理由が説明された後に、第二章では、戦前の「小春日和」における日本のあり方、そして戦前の教育が、東京の本郷と北海道の小樽という全く異なる地域の光景を中心に、小学生の眼差しから浮かび上がる。第三章では、第二次世界大戦に向けて日本が変わりゆく様子、そうした中でも自由を保とうとする教育の様子が、中学生の生活から見えてくる。第四章ではいよいよ凄惨な戦争の様子が語られる。それは一個人の経験であると共に、戦争というものの恐ろしい相貌を示すものである。第五、六、七章では、戦後の復興の様子、その中での人々の温かな交流の様子が、青年の辿る道程から見えてくる。

第八章は当時の就職事情、そして人生というものの不思議——縁、偶然、運命——が語られる。「霧に消えゆく昭和」の光景には、人生の在り方というもう一つの光景も透けて見えるのである。

＊

氏は本書の中でこのように語られている。「私自身はこの国に生まれ育ってきてよかったと心底思う。けれど、その部分がどんどん消え失せていて、かろうじて日本語は通ずるものの、全く異なる国に取り残されたようにすら思うんだよ」。（17頁）

本書で私達は、氏の語りに耳を澄ましながら、戦前から戦後という大きな時代の変化の中でなお大事にされていたものが何であるかを感じ、なぜ今の日本が「全く異なる国」のようであるかを、様々な思想の違いを超えて、考えることになるだろう。

＊

「消えゆく」光景が、読者のみなさまの情景となりますよう。

令和元年六月

小河原あや

第三章　開戦前（昭和十五〜十六年）

第四章　戦争（昭和十六〜二十年）

第一章

いま語り残す理由

一市民の記録

――いよいよ桜井さんの人生のお話を伺えますことを、大変嬉しく思っております。これまで映画のお話を伺うたびに、その深い映画観に心を揺さぶられてきました。そしてそれは、歩まれてきた人生と関係するのではないかと思っておりました。

桜井　いやいや、本来私は、サラリーマンの息子で、自分もサラリーマンだったからね、話すことなどないんだよ。本として語り残すということは、平凡な一市民には大それたことのように思うしね。

ただ、平凡な一市民が生きていた痕跡を残しておくことに、意味があるのではないかと思うようになってきた。磯田道史という人を知っているかな。『武士の家計簿』（二〇〇三年、新潮新書）を書いた人だ。

――歴史学者ですか。

桜井　そうそう。彼の『日本史の内幕』（二〇一七年、中公新書）という本も面白かった。ものすごく資料を集めているんだね。根気よく探してね。それで、そうした資料を読んでいると、いわば公的な資料や記録よりもね、なんでもない民間人が書いたもの、日記みたいにちょっと書いたものの中に、他にはない「歴史」があるというんだよ。

たしかにそうだと思うんだよね。そして、私の語り残すものについても、そういう人が後世に発掘してくれれば、多少の意味はあるかもしれないと思うわけだ。

――たしかに私的な記録には、公的なものからはこぼれ落ちるようなことが書いてありそうですね。色んな場面が描かれていますから。

桜井　例えばある一日のある時刻の天気なども、個人の日記ならば書いてあるかもしれない。『桜田門外ノ変』（一九九〇年、新潮文庫）を書いた吉村昭という人を知っているかな。

――それも映画化されましたね。史実に基づいた小説を書く人ですか。

桜井　そう。私が吉村昭に感心したのは、桜田門外の変は雪の中で乱闘をしたことになっているけれど、本当に雪が降っていたのかを調べようとしたということだ。彼は、ありとあらゆる資料を諦めずに調べた。江戸だけではなくて、周辺の地域についても、例えば子供が書いたものなども含めて、三年かけて調べたそうだ。その中に、「安政七年（三月十八日に万延と改元）三月三日に雪は明け方まで降って、止んだ」という記録を見つけたというんだよ。したがって、井伊大老が殺されている時に雪は降っていない、ということを突き止めたわけだ。

――大きな事件の様相が、一市民の記録から見えてくるのですね。

桜井　「安政七年三月三日に雪は明け方まで降って、止んだ」というね、それだけでも意味があるということだね。こういったことを考えると、私の平凡な例も、後々一つの意味が出てくるんじゃないかと思ったわけだ。だから、私が覚えている部分だけを、できる限り正確に語り残す――そういう思いになってきた。

昭和の生き証人

桜井　もう一つは、想定外に長生きして、同世代がほとんど死に絶えたのに、私は生き残った。そのために、私しか証言できない幾つかのことがあるなあと思ってね。九十年以上生きてきて、今の日本人の大部分が知らない戦前の昭和、戦争直後の昭和を私が知っているということだよね。これはやっぱり、語り残してもいいんじゃないかと思うんだね。

――それらは近い歴史であるにもかかわらず、私達が知らない時代だと思います。

桜井　戦後の日本は占領軍に洗脳されて、「War Guilt Information Program」という、二度と戦争犯罪に向かわないための教育が徹底された。これによって学校制度が変わり、いまや戦前に私が受けた教育とは全く違うものになっている。知っていたかな。

――実は知らないのです。

桜井　おやおや。では、黒柳徹子の『窓ぎわのトットちゃん』は読んだことがあるかな。

――よかった！　これは読んだことがあります。

桜井　ああいう自由な教育を行うことができたんだね。私の親戚でも、父親の方針で、学校に通わずに父親が読み書きを教えていたところがある。

――今と全く教育制度が違いますね。

桜井　そう。その結果、戦後の教育を受けてきた現在の日本人は、私が知っていたのと同じ日本人という感じがしないところさえある。私自身はこの国に生まれ育ってきてよかったと心底思うところがあるけれど、その部分がどんどん消え失せていて、かろうじて日本語は通ずるけれど、全く異なる国に取り残されたようにすら思うんだよ。

少なくとも昭和三十九年の東京オリンピックくらいまでは、戦争をかいくぐって生き残った日本人で作っていた国だから、いかにアメリカ軍が駐留していても、人間自体が変わるわけではなく、やはり昔の日本が色濃く残っていた。その昔の日本を、語り残しておきたいと思うんだね。

――今の教育のお話だけでも、自分が戦前戦後について何にも知らないのだなあと思います。

桜井　私としては、昭和の生き証人として語り残しておこうという思いだね。ただし、私が銀行に入ってから後については、他に生き証人が大勢いるわけだよ。だけど銀行に入った直後の昭和二十七年辺り、これを知っているのは私だけだという感じがしている。それから戦前の昭和十年代の、私が「小春日和」と呼んでいる辺りは、戦後育ちの人にも珍しいところがあるだろうと思うんだよね。そうして親父の転勤で私が経験した、東京の学校と小樽の学校のあまりにもの違い。これは戦後の今の教育からみたら、「そんな時代があったの」と思うほどのもので、これは間違いなく証言できる。したがって、私の記憶している昭和八年くらいから銀行に入った昭和二十七年までに限って、その記憶が間違いないと思う部分に絞って、話そうと思うんだよ。

みんな戦争を語らなかった

――それから、戦争のお話もお聞かせいただければ幸いです。辛いご経験を思い出していただくのは本意ではないのですが、記録しておかなければという思いも強くて……。

桜井　戦争体験は非常に個人的な話で、人に話そうと思っていなかったのだけれどね。

聞いてもらったからには、お話ししようか。まあ私は日記を付けていないし、事実を確かめようもないこともある。でも、井の頭線で機銃掃射を受けた、立川の飛行場で逃げ回った、超満員の列車で富山に帰った、といったことがあって、強烈に記憶に残っているんだよ。そういった今や私だけが証人となれる個人的な経験に絞って、お話ししよう。

——あの井の頭線でそんな恐ろしいことがあったのですか。そうしたことは、現在多くの人が知らないと思います。

桜井　そもそも戦争が終わってから、みんな昔話をしなくなったんだね。例えば、私は銀行に入ったでしょう。そうしたらね、その時の直属の上司、課長、課長代理、その上の次長。彼らはみんな、戦争帰りなんだよ。南方戦線とか、シベリアの抑留から帰ってきたとかね。それは分かったけれど、絶対に誰も、それについて語ろうとしなかった。何かの時に私が「シベリアは大変だったんでしょうね」と聞くとね、「うんうん、まあ、もう止めてくれ」というような感じでね。

——桜井さんも、口をつぐまれたのですか。

桜井　私についても、空襲の中を逃げ回ったり、空襲後に両親に奇跡的に会えたりといったことがあったけれど、当時は、そんな話はもうみんな経験していることだから、語らなかったんだね。つまりね、そんな話を誰かにしても「いやあ、そんなのは大したことないよ、俺は…」というようなことで、もう誰もなんにも言わなくなった。みんなが生死の境をくぐり抜けて生き延びて、その後は地獄のような生活をした。みんながそうだと分かっているから、下手に聞こうとはしなかったんだ。

だから銀行時代も、映画の話で盛り上がるといったことはあったけれど、昔話、それぞれが生死をくぐり抜けてきた戦争の悲惨な経験を話し合うということは、なかったんだね。我々の世代も、さらに上の世代も、戦争の話をしなかった。聞こうともしなかった。

――私の祖父母も、戦争で悲惨な体験をしたのだろうと思うのですが、ほとんど話しませんでした。

桜井 それはまた別の理由があるだろう。例えば、私が十歳下の家内と結婚したのは、昭和三十二年。さすがに夫婦だから、子供時代の戦時の話をすることはあった。でも、あの人は十歳か十一歳で、岐阜の田舎の本家にあたる、何百年か続いている古い家に疎開していたんだね。したがって、食糧難というのは全くないわけだし、空襲なんていうのも全く知らないし、あの頃としては戦争の影もほとんど感じないでいるわけだ。

――戦争中でも、人によってはそんな風だったのですね。

桜井　あの頃はいっぱい戦争の映画があるわけでしょ。それを一緒に観て「あの頃の東京の空襲はこんなものじゃなかった」と言っても、「ええそうなの？」という具合で、段々拍子抜けをしてね。だから家内とは全く戦争のことは話さなかった。つまり、戦争を経験していない人に、戦争の話はなかなかしないんだね。

息子二人にいたっては、高度経済成長の最中に生まれているから、世間でももう戦争の記憶はなくなって、そんな話は全くしなかったんだよ。

――でもやはり、ご自身の中には、戦争の記憶は生々しく残っているのですか。

桜井　後で話すけれど、戦争中に、井の頭線で機銃掃射を受け、床にうつ伏せていた私の背中に女の人が倒れてきて、撃たれて、魚のようにはねて死んでしまったということがあってね。その感触は、今でも一年に何回か、夢の中でふと感じて、ぱっと目覚める時があるんだよ。でも、そんな話も、誰にもしてこなかった。もうこのまましないのかと思ってきたんだよ。

映画少年の記憶

――そのような強いご記憶も、ご自身の中だけに収められていたのですね。

桜井　昔の話は、私の中に封印されたままだった。でも、ずっとあったわけだよ。例えば戦争中の勤労動員なんてことも、みんな絵空事になっていて、そんな話をしてもみんな白けるわけだから、一切しない。そうかといって、私の心の中には残っている。

それも一つの映画のようになって残っているんだよね。映画好きのおかげかもしれないけれど、経験したことについて何か一つ映像を覚えていると、そこからバーっと記憶が広がるんだよ。だから、今回のインタビューでは、一つの映像が浮かんできたら、その映像を観ながらまた喋りだす、といった感じになるだろう。

——これまでも桜井さんのお話を伺っていると、パッと映像が浮かぶように思っていました！

桜井　ところが、他の人からこんなことがあったんじゃないかと言われれば、私が覚えていないことも随分ある。それはね、映像がないんだ。映像がなくて、ただ事実だけだと、ほとんど記憶が抜け落ちるよね。

——心の中で細部までその映像を見て、思い出されるのですね。

桜井　そうなんだよ。例えば昔の映画で、忘れている映画のほうが遥かに多いわけだけれど、印象深い映画というのは、何か強烈に記憶に残っている映像がある。それが思い浮かぶとね、映画全体を思い出す。それだけじゃなくて、私の場合、それをどこの映画館で観たか、昭和何年ぐらいだったたか、街の様子はどうだったたか、というところまでバーっと思い出すんだよね。だから私の好きな映画ベスト10というのは、そういう映像が心に焼き付いているかという違いなんだよ。

――インタビューではぜひ、当時ご覧になられた印象的な映画のお話もお聞かせ下さい。

桜井　そうだね。今の日本人には、戦前の共産主義的な映画や、戦前いかに日本人が外国映画を受け入れていたかということは、なかなか想像がつかないだろう。戦後は私より上の世代が中心になって、進駐軍の政策に合わないものは作れないという不自由の中でも、相当なものを作ってくれた。だから、その時代を反映する映画に限って、お話しすることにしよう。

――はい、お願いします！

桜井　私が語り残すことから、昭和の生きた姿が読者に届くことを願っているよ。

第二章

戦前の「小春日和」

（昭和八〜十五年）

「小春日和」

――まず、桜井さんの子供時代についてお聞かせいただけますか。

桜井　私の子供時代は、昭和八、九年から十六年という、日本が平和であった時代に重なっている。

――平和だったのですか！

桜井　そう、知らないだろうね。それ以前は、第一次世界大戦から「昭和の大恐慌」を経て、ひどい状態だった。そうなると、全ての国は保護主義になり、植民地を持たない国はもう戦争を始めるしかない。ドイツもイタリアも、そして日本もね。ほとんど理屈もイデオロギーもなかったんだよ。第二次世界大戦というのは、植民地を持たない国が生き残るために、植民地を持っている国に戦争を仕掛け、そしてまた負けた、ということにすぎないと思うんだよ。

――世界史の授業で「帝国主義」を学びましたが、そうした破れかぶれの状況は想像していませんでした。

桜井　植民地を持たなければ国がやっていけない時代、それが「帝国主義」だ。植民地を持たなければ、「帝国」ではいられないからね。

日本は昭和六年に満州事変があって、満州という植民地を得たことは、知っているでしょう。それを得たがゆえに、日本は立ち直ることができた。ところが、それがけしからんということで、国際連盟で吊るし上げられてね。松岡洋右が連盟の脱退を宣言し、日本が孤立するということがあった。けれども、とにかく満州、朝鮮、台湾、樺太、南洋群島、これだけの植民地があれば、当時の日本人は食べていくことができたんだよ。

――「帝国」はどれくらいあったのでしょうか。

桜井　そもそも世界中で「独立国」というのは数えるほどしかなく、特にアジアでは、今のタイと日本だけだったんだよ。したがって、当時の日本人にとっては、軍国主義や全体主義よりも先に、「独立を保つ」ということが全てだった。もしも独立を失ったらどれだけ悲惨になるかということを、知っていたからね。

――そんな発想だったとは！　世界史で学んだのは「何とか主義」ばかりでしたから。

桜井　今の若い人からみれば、当時の日本は真っ暗に見えるでしょう。とんでもない、明るい日本だった。「独立を守っている」ということがあったからだよね。

――その明るい時代が、桜井さんの幼少時と重なるのですね。

桜井　そう、それは私が子供の頃のことで、昭和九年、十年、十一年と毎年次第に、街に色々なものが出てきて、消費が上がってきているのが、子供にも分かったんだよ。その時から昭和十六年頃までの五、六年間は、まさに「小春日和」みたいな時代だった。

――消費が上がってきたとは、またも驚きます。

桜井 昭和十年から始まる数年間が、日本にとって最も幸福な時代だった。私は銀行屋だから資料を調べたことがあるけれど、昭和十年というのは、金利水準であるとか、様々な指数が一番安定していた頃で、その状態が、少なくとも昭和十六年の戦争が始まるまで続いたんだね。昭和十七年は、まだ日本が勝っていたから、生活の変化はそれほどなかった。もちろん配給制度が始まっていて、「贅沢は敵」だとか「非常時」とかいう言葉が叫ばれていたけれども、例えば両親と鰻屋に行けば十分に鰻を食べられたんだよ。

――え、鰻もですか！

桜井 寿司も洋食もね。いわば「暗黒時代」が始まったのは十八年からで、十九年になると空襲が始まり、坂道を転がり落ちるように悪い状況になっていったんだよ。

――「贅沢は敵」という言葉が有名ですから、お寿司や洋食まで食べられたなんて、びっくりします。

桜井 その頃のことを知りたかったら、戦争に入るまでのこの「小春日和」のような五、六年間を鮮明に描いたものに、向田邦子のエッセイや小説、テレビドラマがあるよ。私は彼女とほとんど同世代で、しかも彼女の生活水準は、父親がサラリーマンで転勤族の息子である私と、ほとんど同じだったんだろうね。彼女の作品には、私が見た風景が生き生きと描かれている。

——お正月の向田邦子ドラマを見たことがありますが、人々が日々の生活を楽しんでいる様子が描かれていて、おしゃれな着物も着ていました。

桜井　そう、男が描く昭和と女が描く昭和というのは全然違うと思うけれど、そういう女の描いた昭和の方が共感できるんだなあ。

——私も向田邦子が好きで、読んでいます！

桜井　それは嬉しいね。『あ、うん』や『寺内貫太郎一家』は知っているかな。

——『寺内貫太郎一家』は、でっぷりとした腹巻き姿の親父さんを中心にして家族が集っているスティール写真を、見たことがあります。

桜井　あれは昭和の家族のあり方をよく描いていると思う。ちゃぶ台が出てくるんだよ。「昭和」という時代について考える時、まず「ちゃぶ台」が普及したということがある。家族がみんなで食事を囲み、一家団欒をする幸せがあった。昭和の「小春日和」には、そういう風景が思い浮かぶね。

――ちゃぶ台は、そんなに最近のものなんですか？

桜井　おや、知らなかったんだね。ちゃぶ台が普及したのが、ちょうど昭和十年だそうだ。それまではみんな銘々膳で食べていて、ちゃぶ台によって初めて、長男も次男もなく家族全員が揃って「いただきます」と言って、台の真ん中に鍋を置いて、母親が作ったご飯を食べるようになったんだ。

――その銘々膳の風景も、テレビドラマで見たことがあります。あんな風な席順だと、お父さんに近寄りがたいですね。

桜井　ははは、そうでしょう。ちゃぶ台によって初めて、親子の間で会話が成立した。戦争が始まるまでの日本の「小春日和」の数年間は、ちょうどこの家族の幸せに重なるわけだね。

――戦前の明るさというのは、物質的なものだけではなく、家族の絆でもあったんですね。現代は物質に溢れているけれど、孤食の時代ですから、ちゃぶ台に憧れます。

両親と映画へ

――ご家族との思い出もお聞かせ下さい。

桜井　父と母に連れられて様々な映画を観たのが、いい思い出だね。特にチャップリンの『街の灯』（昭和九年、日本公開）を観たのが、強く記憶に残っている。

――今ＤＶＤで『街の灯』を観るのとは、まったく雰囲気が違いそうですね。

桜井　そもそも当時は、観に行く映画によって、気持ちも格好も違ったからね。日本映画やアメリカ映画の時は、両親も浴衣に下駄履きだった。日本映画やアメリカ映画はカジュアルだと思っていて、カジュアルな気持ちで、カジュアルな格好で観に行っていたんだよ。

――格好まで違ったなんて！　楽しそうですね。フランス映画の時はどうでしたか？

桜井　フランス映画だと、着飾っていた。私達一家は青山に住んでいて、渋谷に映画を観に行くことが多かったけれど、フランス映画の場合は、銀座にも行った。子供心にも、母親がきちんとした格好をしていることが分かったものだよ。父親もまた、アメリカで買ってきた自慢の格好をしていた。私や兄も、学生服ながらきちんと着て、下駄履きではなく靴を履いたんだよ。

―― フランス映画はよそ行きのイメージだったんですね。

桜井 日本では、フランス映画やドイツ映画の方が上だと考えられていたんだよね。ただ私は、戦前の最後に見た『駅馬車』（昭和十五年、日本公開）で初めて、アメリカ映画に好感を持った。

――『駅馬車』は、今の大学生に見せても、面白がってもらえます。主役のジョン・ウェインをかっこいいと言う学生さんもいます。

桜井 ジョン・ウェインはスターの雰囲気があるよね。スターと言えば、私の父親は体育会系の人物だったけれど、アメリカに単身赴任をしていた間はハリウッドの全盛期で、否応なしに映画を観ていた。文字通り、山ほどのプロマイドと雑誌を買い込んで帰国したんだよ。当時はちょうど戦前の、クラーク・ゲイブル、ジェームズ・スチュアート、チャールズ・チャップリン、マレーネ・ディートリッヒ、グレタ・ガルボ、ロナルド・コールマン、そんな時代だった。映画雑誌といっても写真ばかりで、子供ながらにもスターの顔をずいぶんと覚えたものだ。

―― キラキラしたスター達のプロマイドに囲まれた子供時代だったのですね！

桜井 淀川長治さんにそのことを話したら、「あんた恵まれているよ」と言われたね。

ただ、父親はアメリカ映画が好きだったけれど、私の母親はかなりの文学少女で、フランス映画に傾倒していて、アメリカ映画はガキっぽいと言っていた。父親は、フランス映画はあまり受け付けなかったんだね。西部劇のバチバチでないと観ないという、体育会系の親父だったから。それで、母と父はよく、論争というわけではないけれども、映画について話していたね。

――それは映画少年になりますね！

桜井　そうだね。映画はずっと好きで、私は戦後、結婚するまで時々、母親と二人でフランス映画を観に行ったものだよ。

――お母様も嬉しかっただろうと思います。それにしても、ご家族の中で、アメリカ映画とフランス映画の派閥があったのですね。

桜井　我が家には父親の同僚や上司が次から次へと遊びに来て、その人達もみんな映画が好きでね。横で子供が聞いていると、この人はアメリカ映画派だな、この人はフランス映画派だなというのが分かって、その違いが非常に面白かったものだよ。

――今よりもずっと、みんなが映画を観ていた時代だったんですね。

桜井　私は小樽に住んでいたこともあって、そこでは映画が終わると喫茶店に行ったものだ。父と同じ会社の社員とその家族もやはり同じ映画を観て、終わると喫茶店に来て、まるで二次会のように、お互いに話していたんだよ。

——二次会ですか！　映画を観るのがますます楽しくなりそうです。

皇太子・皇太子妃の好きな映画

桜井　さっき淀川さんの名前が出たけれど、淀川さんといえば面白いエピソードがあるんだよ。昭和の終わりのことで、話は寄り道になるけれど、いいかい。

——ぜひ伺いたいです！

桜井　私が淀川さんと知り合ったのは、昭和天皇が危篤で今日か明日かという昭和の終りだったんだね。その頃の話だ。ある時、淀川さんのところに密かに宮内庁から使いが来て、「ご苦労ですけど東宮御所まで起こしいただけないか」ということだった。当時の皇太子、つまり平成の天皇と、美智子さん、つまり平成の皇后が、昭和天皇が危篤状態で外に出られない。お二人とも映画がお好きだから、新聞記者などに見つからないように、密かに東宮御所まで来て映画の話をしていただけないだろうか、ということだったんだね。淀川さんも、東宮御所など行ったことがないから面白そうだと思って、「そういうことなら行きましょう」と言ったそうだ。

そうして行った所、色々な話をしているうちに、お二人とも映画にお詳しいということが分かった。ただし映画館には行けないから、当時のビデオでご覧になられている。それで淀川さんが、「今までご覧になっている映画で一番好きなのは何ですか」と聞いた。そうしたら皇太子が、「これを言うと、淀川さんが笑うから言いにくい」と。淀川さんがそんなことはないと言うと、蚊の鳴くような声で『ローマの休日』という答えが返ってきた。その瞬間から淀川さんは、皇太子のことをものすごく好きになったというんだよ。

今度は美智子さんに聞くと、やはり「お笑いになるから言わない」と。「いやせっかく来たんだから、絶対笑いませんから、言いなさい」と淀川さんは言った。すると、これまた蚊の鳴くような声で『哀愁』と返ってきた。これはもちろん、美智子さんがまだ正田家の娘の時代に映画館で観ているんだね。

——いいお話ですね！

桜井　それですっかり盛り上がったけれど、不思議なことに、お茶一杯出てこない。帰りにお土産でもあるのかと思ったけれど、どうもそうでもなさそうだ。それで淀川さんは、「ちょっとお手洗いを拝借」と借りたら、菊の紋章の付いた石鹸が置いてあった。それで、その石鹸だけ持って帰ってきたというんだよ。

―― 石鹸に紋章ですか！　畏れ多くて使えないですね。

桜井　ははは、そう、これは面白い話だね。それにしても、あの天皇が『ローマの休日』で、あの皇后が『哀愁』と聞くと、お二人を好きになるじゃない。それで私は淀川さんに、この話をもっと公にしてもいいんじゃないかと言ったんだよ。ところが淀川さんは、「いや、宮内庁に絶対にしゃべらないで下さい、って言われたんだ」と。その約束を守ったんだね。まあ、もう話しても良いだろうと思ってね。

盛んな映画評

桜井　話を昭和の「小春日和」に戻せば、当時は映画の批評が盛んだった。我が家では新聞を四紙取っていたから、私は批評を読み比べていた。それに、今よりも遥かに多くの映画雑誌が出ていて、それらも読んでいたんだよ。だから、映画批評を先に読んでから映画を観るという習慣があって、映画を観に行く前にもうストーリーが頭に入っていたんだよね。映画批評も、私を映画好きにする一つの理由だったんだろうね。

―― 本物の映画少年ですね！　好きな批評家はいましたか？

桜井　朝日新聞には必ず映画評が出ていて、「Q」というサインで、本名は津村秀夫という人が書いていた。この人の批評が好きだったね。

――その批評が、映画をご覧になる時の道標になったのでしょうか。

桜井　そう、子供ながらに映画が好きになって、しょっちゅう映画を観に行っても、周りの大人の反応と自分ののめりこみとの違いがあった。だから、なぜ反応が違うのか、なぜ自分はマイノリティなのかというのを、子供ながらに考えていたんだよ。そういう時にその朝日新聞の批評を読んで、ああそうなのかというのが実によく分かったんだよね。私はまだ子供すぎて理解できなかったんだとか、あるいは、まだ子供には理解できない大人の心理の綾のようなものがあったんだとか、そういう謎解きをしてくれたんだよね。だから、津村秀夫が、私の最初の道標だった。

本郷の誠之小学校、そのエリート教育

――昭和の「小春日和」は、文化面でも豊かだったのですね。

桜井　そう、昭和の「小春日和」の家族が幸せを謳歌していた頃は、ちょうど私の小学生時代にあたるんだよ。その体験を語ることは、戦前の日本の教育のあり方を知ってもら

うことになるだろうね。

——どのような教育を体験されたのですか。

桜井 これもまた驚くだろう。私は父の転勤にしたがって、二つの小学校に行ったんだよ。一つは東京・本郷の誠之小学校で、もう一つは北海道・小樽の小学校だった。最初は東京。父がアメリカ勤務から戻ってきて、私達一家は本郷に住み、私は小学校に入った。一番近い小学校が、誠之小学校でね。とにかく近いところなら良いと言って、父も母もあまり研究せずに、この小学校に私を入れることに決めたんだよ。ところが誠之小学校は当時、日本一の進学校だったんだね。入学してから分かったんだから、両親とも極めて呑気な人だったんだなあと思うよ。

——進学校というのは、どんな風ですか？

桜井 誠之小学校では、入学したその日から生存競争が始まり、エリート意識というものを徹底的に植え付けられるんだよ。まず、入学式の校長の話。まだ七歳の私はほとんど理解しなかったけれど、後で母が父に、「あなた、修を大変な学校に入学させたわよ」と言っているのを聞いたほどだ。というのも、校長の話はこうだったんだよ。「本誠之小学校は、万民の上に立つエリートを作るのを目的とする。そのためには、本校を卒業した生徒は一人の例外もなく、東京府立一中か、東京高等師範附属中学に入らねばならない。そのためには、他の小学校と同じ教育を行っていたのでは駄目で、特別な教育を行います。保護者の中で、この教育方針に疑問のある方は、遠慮なく申し出てくれたら、今からでもすぐに他の小学校に転校する手続きを取ります」とね。

――うわあ、徹底していますね！「特別な教育」というのは、どのようなものだったのですか。

桜井　誠之小学校は、文部省が決めた教程を四年生までに全て終え、五、六年生の二年間は、府立一中組と高等師範附属中学組との二つに分けて、徹底的に入学試験の対策だけに没頭させるという教育を行っていた。どちらの中学にも入れない生徒がいると、即転校になったんだよ。

――なんと、厳しいですね。

桜井　私は幼稚園に行っていないから、小学校というのは、生まれて初めて自分の家から外に出た場所だった。だから校長の話を聞いた時には、ただ「小学校とはこういうところか」と思ったんだよ。ところが、入学して早くも二日目か三日目に試験があり、その翌日には試験の成績が教室の前に貼り出されてね。成績順に座れ、というわけだ。

——入学してすぐに、競争原理が導入されたのですね。幼い子供なのに。

桜井　私の人生最初の試験だよね。だから、はっきり覚えているよ。私は五十人のうちの四番目だった。入学当初はあいうえお順に座っていたのが、入学して四日目には成績順に着席する。私は一番後ろから四番目に座ることになったんだよ。

——試験は度々行われたのですか。

桜井　そう、ひと月経つとまた試験、ふた月経つとまた試験。その都度に成績が貼り出されてね。そうするとやっぱり、まだ幼いくせにね、七つだよね、競争心が出てきた。いまだに私は、最初の試験で私の上にいた三人の名前も顔も覚えているんだよ。これが競争相手かなと思ったからね。入学して二回目の試験で、私は一つ上がって三番になり、それまで三番だった「たるいまさあき」という生徒を抜いた。その二週間後には、また抜き返された。そうなるとね、もう「学校というのはこういうものなんだ」という気持ちになったのを覚えているよ。

——子供の性格が変わってしまいそうですね。

桜井　そうだよね。後に私は小樽の小学校に転校するのだけれど、あのまま誠之小学校にいたらどうなっていたかと思う。十数年経って、私が麻布中学から旧制一高に入った時、クラスメートの中に誠之小学校の出身者が何人もいた。みんな、府立中学または高等師範附属中学を出ているわけだね。そのうちの何人かとはまた旧交を温め、交際を続けたけれど、ずっと誠之小学校にいた彼らは、同じ価値観のままでいた。つまり、「俺は徹底的なエリートなんだ、日本一の小学校から日本一の中学校に入って、日本一の一高に入ったんだ」という感覚を持ち続けていたんだね。

――その感覚はずっと続きそうですね。

桜井　学校を出て、勤め始めてからもね。私は銀行で大蔵省担当のＭＯＦ担になったけれど、大蔵省のどの部屋に行っても、一高出身の先輩がいた。そして、一高の後輩というだけで、一銀行の一ＭＯＦ担が、課長にも局長にも会えたんだよ。本来は監督官庁と銀行という関係だから、普通だったら絶対に会えない。だけれど、同窓という感覚があったんだね。こうした一高の話は、また後ですることになるだろう。

インテリ層の家庭

――そういう小学校には、どのような家の子供が通っていたのですか。

桜井　クラスの大半は、平均的な中流階級の息子であると同時に、高級官僚か東京帝大の教授の息子が占めていた。一介のサラリーマンの息子である私は、例外的だったんだよね。

——競争の中でも、お友達と遊んでいたんですか。

桜井　みんな小学校の周りに住んでいたから、学校の帰りに「おい、家に寄れよ」ということで、友達の家に遊びに行くことが度々あった。それは昭和八年から九年だけど、どこの家もほとんど同じ感じだったんだなあ。

——同じというのは、間取りのことですか。

桜井　そう。どの家に行っても、本郷の一軒家で、入り口に門があって、敷石が敷かれていて、左側には洋館、右側には和風の家があった。その和風の家の玄関を開けると、階段がある。階段を上って二階に行くと、一番手前に親父さんの書斎があり、それを覗きながら、角の子供部屋に行く。すると、書斎に並んでいる本が、ほとんど我が家にあるものと同じなんだよね。世界文学全集、日本文学全集、現代文学全集。

いわゆる全集というものが現れたのは、昭和に入ってからなんだよ。全集を読む階級というものができたからだよね。何で同じかというと、建売り住宅というわけではなく、同じような階級の、同じような思想を持った家庭が集まっていたからなんだね。

――知的階級ですね。

桜井　そうだね。そういえば、私の父親の書斎を覗くと、共産主義系の全集のようなものがあった。当時の中流階級は、そういう本を読みながら、半分アカくなり、半分まだためらっているという時代だったんだろう。ちなみに、後に一高では誠之小学校の頃の同期の何人かが共産党に入っていた。私もそのまま誠之小学校に行っていたら、そうなっていたかも知れないね。

――共産主義が庶民に広がっていたのですね。これも知らなかったです。

桜井　映画にもあったんだよ。私が影響を受けた最初の映画が『路傍の石』（昭和十三年）で、それと同じ頃だったかな、『限りなき前進』（昭和十二年）を観た。その頃は、監督の内田吐夢が共産主義者であるということはよく分かっていなかったけれど、確かに一つのイデオロギーを感じたね。

――まだ表現の自由があったんですね。

桜井　ああいう映画が昭和十二、三年頃に作られていたということは、当時の日本は治安維持法の時代ではあるけれど、まだかなり自由があったということだよね。話を戻せば、誠之小学校の友達の家では、母親が出してくれるものも、どこの家でも同じだったんだよ。ビスケットと「どりこの」という当時評判だった甘い飲み物だ。

――なんだか美味しそうですね！　お友達も、映画をよく観ていたんですか。

桜井　映画を観ている子供はいなかったな。映画のような俗悪なものを子供には見せないというのが、当時の謹直な家庭の思想だったんだよね。我が家は違ったけれどね。

――東大も近くにあって、教育ママ、パパがいそうですね。

桜井　そうだね。我が家も東大の正門前を入ったところに住んでいたから、当時の東京帝国大学の学生が歩いていたね。当時は隣に旧制一高があり、一高生も闊歩していたんだよ。珈琲屋に入ろうが、みつ豆屋に入ろうが、店の人が彼らを尊敬して、一端の紳士として扱っていた。私は「高校生や大学生というものは偉いんだなあ」と思っていたね。

こうして私は、誠之小学校で同じような環境の中にいる子供達と競争する毎日を過ごし、世の中は全てこのようだと思っていたんだよ。

小樽の小学校、その家族的な教育

――その後、お父様の転勤にともない、学校を変えられたのですね。

桜井　誠之小学校の二年生の一学期を終えたところで、父親が三井物産の小樽支店に転勤になり、転校した。そうしたら、子供心にもこれが同じ国なのかと思うほど、何もかもが違ったね。小樽の小学校の授業では、誠之小学校ならばもうとっくに終わっているところをまだ学んでいたんだよ。誠之小学校では二年生の一学期にすでに三年生の内容に入っていたから、私は小樽の小学校で、何で今頃こんなことをやっているんだと思ったものだ。

――これまでの競争社会から一変しましたね。

桜井　小樽の小学校では何よりもまず、競争させるという意識がまるでない。むしろ、先生を中心にして一つのクラスを作ろうという感じがあったんだよ。先生は、私を「桜井」と名字で呼ばずに、「修」と下の名前で呼んでいたね。

――あたたかい雰囲気ですね。

桜井　授業の最中に、先生が「みんな退屈しているようだから、この辺でやめて、つくしんぼを採りに行こうか」と言うこともあった。みんなでわーっと騒いで、小学校の裏山に行って、採ってね。冬になると先生は、「今日はいい天気だから、授業をやめてみんなでスキーに行こう」と言ったものだ。

――楽しそうですね！　みんな仲良く、遊びを取り入れて、環境も活かした教育が行われていたのですね。

桜井　そんな中でも、先生は特別な存在だった。例えば、たまに父親が仕事に行く時に「おい修、一緒に行こうか」と言って、商店街を親子一緒に抜けて学校に行くことがあってね。そうすると、商店街の中で母親が利用しているお店の人が出てきて、前掛けをとって親父に挨拶をしてくれる。親父はソフト帽を取って「やあやあ」と挨拶をする。ところが、我が家の隣に学校の先生が住んでいて、その先生と朝一緒になって商店街に入ると、ほとんどの商店から父親や母親が飛び出してきて、前掛けや鉢巻を外して「先生、いつも息子がお世話になって」と言う。先生はソフト帽を取って「やあやあ」と応える。その時に私が思ったのは、家の親父の時は何軒かに一軒かしか挨拶しないのが、先生の時はこんなに多くの店から挨拶するんだなあ、ということだったね。

――先生への尊敬が根づいているのですね。

桜井　当時は親父の月給が、たしか二百円だった。日本の月給が平均百円になっていない頃だから、かなり恵まれた方だよね。そして、その先生の奥さんと私の母親が仲良しだったから、家で喋っているのを聞いていたら、先生の給料は八〇円だということだった。私は「親父の半分以下か、ほとんど親父と同じ歳だけれど、先生の給料というのはそんなに安いのか」と思った。けれども、先生が商店街を歩くと、みんな飛び出してきて挨拶をするんだね。

――現在の、お金を多く稼ぐ人が人生の成功者であり偉いのだ、という風潮とは全然違いますね。

桜井　そう、これが学校の先生に対する敬意であって、そういうのを見ていれば子供達も、学校の先生というのは敬うべきものだと思うはずだよね。こういう考え方が、教育にとって必要だと思うんだよ。

豆腐屋を手伝う

――同級生には、どんな子供がいましたか。

桜井　それが面白くてね、小樽の小学校では、全く勉強をせずに寝ている生徒もいたんだ。誠之小学校と違って、あいうえお順で座っていたから、二人がけの椅子の私の隣は「作場《さくば》」だった。作場は朝、教室に入ると、うつぶせでよく寝ていてね。でも先生は何にも言わない。

――寝ていても、何も言わないんですね！　何か理由があったのでしょうか。

桜井　それがある日、分かったんだよ。作場が休み、先生が「みんなにお願いがあるんだ」と言った。「作場の家は豆腐屋で、作場も夜中の二時に起きて両親を手伝う。大豆を茹でて原料を準備し、豆腐を作る。そうしてやっと豆腐が出来上がるのは、朝の四時、五時だ。六時になると、まだ暗いのに、作場は親と一緒に天秤を担いで豆腐を売りに行く。その豆腐売りが終わって、家に帰って朝ごはんを食べて、それから学校に来る。だから作場は、学校に着いた時は眠くてしょうがない。ところが、今日はお父さんが病気で倒れて、お母さんは何とか豆腐は作れるが、手伝いが作場ひとりでは無理だ。みんなの中で何人か手伝いに行ってやってほしい」。

――先生は、作場くんの事情を考えて、授業中も寝かせていたのですね。しかも、困っているところをみんなで助けようとは、素晴らしい教育ですね。桜井さんもお手伝いにいらしたのですか。

桜井 そう、私は「行きます」と手を挙げた。先生は「そうか、修、行ってくれるか」と言った。家に帰って母に話したら、母も「それはいいことだから、行っておいで」と賛成してね。それで、私は生まれて初めて真夜中に起きて、夜中の二時に作場のところに行ったんだよ。

――初めてのご経験ですね。

桜井　そう、その時に初めて、豆腐が大豆からできる、そして大豆を蒸して、かたわらでは油揚げが出来るということを知った。そうして初めて、世の中には色々な職業があり、それによって生活が違い、泣き笑いが違うということを知ったんだね。後に私は『路傍の石』を観て、心底から映画に痺れるという経験をすることになるけれど、この映画にリアリティを感じたのは、作場の手伝いをした経験があったからなんだよ。

―― 誠之小学校の子供達が画一的なインテリ層の家庭に育っていたのとは、正反対ですね。

小樽の様々な人々

―― 他の子供達は、どんな風でしたか。

桜井　小樽の小学校では、この豆腐屋の息子のように、親の職業も、誠之小学校の頃とは違って多様だった。男子は百人いて二組あったから、一組が五十人。この中で、サラリーマンあるいは知識階級の息子といえるのが、五人くらいだった。残りの四十何人かは、両親がニシンを獲っていたり、八百屋、魚屋、小間物屋だったり、警官、消防夫だったり。私は初めて、世の中には色々な階級があるということを知ったんだよ。

―― 階級が違うと、子供の様子も違いましたか。

桜井 誠之小学校はみんな同じ制服を着ていたけれど、小樽ではそれぞれ違ったね。破れたようなひどいものを着ている者もいれば、きちんとした贅沢な服を着ている者もいた。それにね、周囲には色々な人がいたんだよ。その一人がトビ職。北海道は、冬になると雪かきが大変で、屋根の雪を下ろして、家の前に道を作り、さらに大通りまでの道を作る。サラリーマンの親父はそれができなかったから、代わりに手際よく雪囲いを作り、手入れをして、雪かきをしてくれたトビの人がいたんだよ。

―― トビ職の人も、東京ではあまり見かけないですね。どんな方でしたか。

桜井 ある日、母がそのトビの人のところに「お使いに行ってくれないか」と言うので行ってみると、ものすごい家だった。庭が広くて、門構えもしっかりしていて、どう見ても、我が家よりも格が上なんだよね。恐る恐る「こんにちは」と言った。あの人はこんなに大きな家のご主人だったのかと思ってね。今から思えば、トビの元締めだから、街では大変な顔役で、小樽のお祭りの差配もして、大旦那だったんだよね。

―― 人々を助けたりまとめたりする人が、お金持ちよりも偉かったのですね。それから、漁師の子供もいたというお話でしたが、小樽は港町ですね。

桜井　だから小樽には、よそから来た人も大勢いたんだよ。当時の小樽は、北の貿易港として栄えていて、夕張炭鉱もすぐそばにあったし、樺太へは船で行ける。貿易港としては最高の場所だったわけだ。当時は今の韓国も樺太も全部日本領で、ソビエトとも戦争しているわけではなかったから、そこからの物資もどんどん入ってくる。大きな料亭も多く、たしか三百人の芸者がいたとすら聞いているよ。

「海陽亭」という料亭は、石原裕次郎が子供の頃に行ったというので有名だけれど、私も子供ながら行ったことがあるんだよ。当時は、三井物産の支店長が全社員の家族を招いて、宴会を開いたんだ。今では考えられないけれどね。

さて相当な労働力が必要だったから、韓国からも人がやってきて、部落を作っていた。さらには、石炭やニシンがある。だから三井物産だけでなく、日本中のあらゆる銀行とか商社が小樽支店を持っていて、その社員が膨大な数住んでいた。小樽の方が札幌よりも人口が上だったんだよ。たしか小樽が十五万人、札幌はまだ十一万人ぐらいだったと覚えている。

――今の小樽のイメージとは違い、本当にたくさんの物資と、様々な人でできた港町だったのですね。

桜井　さらには、ロシア革命の後に避難してきた「白いロシア人」も住んでいた。丘の方に石造りの白い洋館が並んでいて、それが彼らの住まいだった。

――港町らしい異国情緒がありますね。

桜井　そうそう。その子供達とは同じ小学校だったから、私は彼らの家に遊びに行って、初めてボルシチを食べた。ロシア料理のレストランもあったね。銀座の資生堂パーラーのような洒落たお店もあり、東京よりもこちらの方が文明があるような気すらしたんだよ。

――本場のボルシチですね！　様々な文化的背景を持った人が集まって、東京のインテリ層が作る文化とは異なる「文明」があったのですね。

小樽の映画館

――映画も盛んに上映されていましたか。

桜井　そういう街だから、幸運なことに、非常に沢山の映画館があった。私は、評判の映画がかかると両親と一緒に観に行ったから、小樽にある映画館は総なめのようにして観たんだよ。小樽松竹座のような良い映画館が幾つかあり、二階席が一階席よりもはるかに値段が高くて、椅子もいい。

――今の映画館とは違いますね！　座席によって値段が違い、椅子も違うとは。

桜井　両親と一緒に二階に行くと、三井物産の家族がずいぶん来ていたのを覚えているよ。先ほども話したように、映画が終わってから、近くの喫茶店で、みんなで観たばかりの映画について話していたんだね。

――映画の話で人々が繋がっていたのですね。

桜井　それにしても、他の三井物産の家族が子供を連れて映画に来ているということは、記憶にないね。子供を連れて映画に行くというのは、我が家が珍しかったのかもしれない。映画というのは大人が観るものだというのが、普通だったんだろうね。私の場合は、父親がトランクいっぱいにアメリカ映画の写真や雑誌を買ってきていたから、知っている顔が映画に出て来るということで、観に行く。淀川長治が言う通り、私は恵まれていたんだね。

ニシン御殿

――小樽ならではの思い出は、他にもありますか。

桜井　ニシン漁の思い出だね。北海道では、その年にニシンがどの港で獲れるかが大変重要だ。というのも、ニシンはその一つの港でしか獲れず、そこに富が集中するからね。

したがって、『北海タイムス』や『小樽新聞』は、毎日一面でニシンがどこまで来ているかを報じていた。今の桜前線と同じだね。

——いかにも北海道の特色ですね！

桜井　ところで、私が小樽で住んだ家には、「ねえや」と呼んでいたお手伝いが二人いた。今から見れば、たかがサラリーマンでお手伝い二人というのは贅沢な話だね。でも先ほど話したように、先生の給料が八十円で父親が二百円だったけれど、ねえやは二円五十銭だった。もちろん部屋と食べ物も付いていた。私は、ねえやは漁師の家に生まれて進学できずに、サラリーマンの家に出稼ぎに来て、こんな安い月給をもらっているのだと思っていたんだよ。

——違ったのですか。

桜井　お盆休みの里帰りの時に、私を可愛がってくれたねえやが「坊っちゃんは家に遊びにこないかね」と言って、これで初めて、ねえやがどんなところに住んでいるのかが分かった。

小樽の駅の隣が余市といってね、余市からバスに乗ってコトコト二時間ばかり走って、積丹半島の根元まで行った。そのバスの終点で、この辺に家があるのかと思ったら、とんでもない。それから積丹半島の一番先端まで、馬車に二時間くらい乗った。私は、ねえやはこんなひどいところに住んでいるのかと思って、馬車を降りたんだよ。

――長旅ですね。

桜井　本当に長かった。それで遂にねえやが「坊っちゃん着いたよ。これがおらの家だ」と言うのを見たら、仰天した。御殿なんだよね。小樽に今でも名所としてニシン御殿が残っていて、もちろんそれより小さいが、小樽の我が家のおそらく十倍くらいの、金ピカの飾りが付いた家だった。私は、何か辻褄が合わないじゃないか、こんな家の娘がなんで二円五十銭で働くのかと、狐につままれたような気持ちになったものだ。そうして家に入ったら、ねえやの両親がもてなしてくれたのだけど、家の中がまことに寒々としていることが子供心にも分かった。ものすごく広いわけだ。けれど、ただ広いだけというかね。そして案内されたのが、何十畳敷きかの部屋だったんだよ。

――本当に辻褄が合わないですね。

桜井　そうでしょ。その訳はね、その前年くらいに、ニシンがそこで大量に獲れたんだね。そうすると、大工や左官や呉服屋や旅回りの一座などが、あそこにニシンが入ったと聞いて、わっと押しかけて、そこで仕事をする。今とは違って現金商売だから、小さな一漁村に、あふれるほどの現金収入を求めて、みんなやって来るわけだ。漁師は、そういう業者が殺到してあれよあれよという間に、どんどん買ってしまう。家を建て、旅回りの一座がそこに住んで飲み食いをする。そうするうちにどんどん現金が減って、次の年からは家だけが残って、出稼ぎに行くことになる。そういうことで、ねえやが我が家に来たということがやっと分かったんだよ。

――せっかく大金を手にしたのに、大きな家や金ピカの飾りだけが残って、これまでの生活に戻っちゃうのですね。小樽でもそのようなことはありましたか。

桜井　小樽にもニシンが来た。昭和十五年、私が中学一年生の頃だと思うんだけどね、ある日、先生が「明日あたりニシンが来るから、もう帰っていいよ」と言うんだね。漁師ではなくても、魚屋や酒屋の息子は手伝いがあるからね。翌日、その小学校の教室が二階にあったから海を見ていたら、小樽湾が真っ黒に膨れ上がるように見えた。先生が「あれがニシンなんだよ」と言って、その日はもう授業はしなかった。

――物凄い迫力ですね！

桜井　家に帰ると、近所の人や商店街の人々がみんなバケツを持って海に走っていた。私の母も「とても真似はできないけれど行ってみようか」と言って、母と兄と三人でバケツを持って浜まで行った。何とか二、三匹捕まえて帰ったのを覚えているね。それからは、小樽中の家がニシンを焼き、小樽にはその煙が流れていたものだよ。数の子などは、バケツ一杯何十銭で売っていたよ。

――どの家庭も同じ海の幸を採って、同じものを食べて、同じ匂いの中で生きているなんて、一体感がありますね！　今のスーパーでのお買い物とは違って、家庭の温かさが街全体の温かさへと繋がるようです。

ねえやとの縁

――ねえやさんとは、いくつお年が離れていらしたのですか。

桜井　ねえやのニシン御殿を見て仰天したのは、昭和十一年か十二年。その時、私は十歳か十一歳で、彼女は十六歳だった。だから五歳離れていたんだね。色白の可愛い女の子だった。

――ねえやさんは、ずっと桜井家にいらしたのですか。

桜井　ずっと縁があったね。後で話すけれど、両親が先に東京に赴任して、私が一人で小樽に残った時がある。その時に両親は、ねえやを東京の青山の家に連れて帰ったんだよ。

ねえやは、生まれて初めて津軽海峡を渡って、東京に行き、仰天したわけだ。ところが戦争が昭和十六年に始まって、物資が段々なくなってくるともう、女中がいるなんて贅沢だということになった。それで昭和十七年か十八年に、ねえやを故郷に返したんだよ。だから十年ぐらい、ねえやは我が家にいたんだね。

――家族のようですね。

桜井 そうだね。青山時代はよく渋谷に映画を観に行っていたけれど、ねえやも一緒に連れて行った。私がねえやに、この映画はこういう話でこういう所が見どころだぞ、というのを先に教えてから観たものだ。ただ思い返してみると、あの頃の東京で使用人を連れて映画を観るというのは、ほとんどなかったと思う。我が家はリベラルだったんだな。

――その後、ねえやさんはどうされたのでしょうか。

桜井 後にねえやが親戚の苫小牧の王子製紙の職員と結婚したという知らせがあった。私が銀行で役員になって、東京の支店長になったのが、昭和五一年。その時に札幌支店に出張したことがあった。千歳空港を利用するわけだけど、苫小牧のそばなんだよね。それで時間を作って苫小牧まで車で行って、王子製紙に電話をした。そうしたらもう、彼は定年でね。ただ住所と電話が分かったから、電話をしたら、随分喜んだ。その後、彼女が東京に出てきた。まだ私の母親も元気だったから、ねえやを連れて行ったんだよ。そしてねえやが、私の銀行まで訪ねてくれた。

——ご縁を大事にされている、素敵なお話ですね！

桜井　縁の話は、後々もすることになるだろう。長く生きてきて、人生は縁でできているようにも思うんだよ。

大病と文学

——その他に小樽時代の思い出はありますか。

桜井　大病の思い出だね。小樽で私は生死をさまよう病気を患い、完全に一年半寝たきりになった。

当時は軍国主義の世の中だから、男の子だったら一日中、日が暮れるまで、戦争ごっこやチャンバラごっこをしていたものだ。特に小樽は雪国だから、子供達はスリッパのような突っ掛けのスキーを履いて、雪まみれになって遊んでいた。私の場合、子供部屋が二階にあったけれど、弁当を持って二階まで行って、窓の辺りまで雪があるから、子供部屋からスキーを履いてそのまま窓から飛び出して、学校まで行っていた。

ところが寝たきりの私は、こうしたことはもうできず、完全に世の中と隔絶した。ほとんど死ぬか生きるか、医者が匙を投げるほどのもので、絶対安静だったんだよ。

――ひどかったのですね。

桜井 でもね、その時にひたすら本を読めたということが、決定的だったんだよ。子供向きの本は読み尽くして、親父が色々な全集を持っていたから、それを片っ端から読んだんだ。

――難しいご本もあったのではないでしょうか。

桜井 戦前は、どんな本も新聞も、全部ルビが振ってあったんだよ。だから子供でも、意味が分からなくても一応読めたんだね。ドストエフスキー全集やトルストイ全集なども、何でもいいから読んだ。

――文学少年ですね！

桜井 そして病気が治って学校にも行けるようになった頃に、トーキーが輸入され初めたんだよ。その時に『椿姫』（昭和十二年、日本公開）や『アンナ・カレーニナ』（昭和十一年、日本公開）といった映画がどんどん来た。そんな小さい子は普通、そうした映画を観に行かないものだ。ただ私は、原作を布団の中で読んでいたからね。

――映画の印象はどうでしたか。

桜井　例えば『アンナ・カレーニナ』を読むと、アンナ・カレーニナがサンクトペテルブルクで馬車に乗っているところを、子供ながらにも想像するわけだ。美人らしいけれど、どんな服装をしているのか、馬車というのはどのような乗り物か、通りはどのようか、小樽のあの通りと似ているのか似ていないのか。全て想像するしかない。それが映画になると全部観られるから、面白かったね。原作を基にした映画を観ると、筋をすでに知っていたから、のめり込み方が違ったんだね。

――日本映画はいかがでしたか。

桜井　その頃はちょうど日本映画が黄金時代だったんだよ。私が小樽に行ってから二、三年後の昭和十一年に映画がほとんどトーキーになった。

私にとってラッキーだったのは、日本映画も文学ものを作り始めたことだ。これまでは坂妻のチャンバラなどしかなかったのが、初めて文学を映画にし始めたんだね。志賀直哉の『赤西蠣太』（昭和十一年）、森鷗外の『阿部一族』（昭和十三年）や山本有三の『真実一路』（昭和十二年）、そして『路傍の石』。これも私が映画を好きになった理由なんだよ。

――サイレント映画はあまりご覧になられていませんか。

桜井　私自身は、無声映画はほとんど観ていなくて、チャップリンだけだね。無声映画の方がいいという人もいるだろうけれど、私にとっては、先に文学から入って、それが映画化されるというので観に行った。だから、トーキーが命だね。

――そうした文学から映画化された作品の中で、何か印象深いものはありますか。

桜井　そうだな、昭和十四年に、『風と共に去りぬ』が上映されないということがあった。あれだけ原作がベストセラーになって、私もすぐに買って全部読んだし、新聞も雑誌も特集を組んでいたけれど、映画は輸入されない。そうすると、お上は今の日本人にこれを見せたくないらしいという話が出て、私もそう思ったものだ。そのうち、昭和十七年だったか、東京で、「すごい映画だ。こんなすごい映画を作る国の国力は違う、戦争なんてできっこない。これはお上も見せたくないだろう」という噂を聞いた。前年に太平洋戦争が始まり、占領下のシンガポールやマニラで観た人が多かったようだね。

海外の玩具と兄貴

――お兄様も映画がお好きだったのですか。

桜井　いや、兄貴は徹底的に理系の人間だった。例えば、私は病気になった時に寝床で小説を読んでいたけれど、兄貴は全く読まない。読むのは、当時いっぱい出ていた科学雑誌。それで模型を作ったり、電池を買ってきてその模型に入れたりしていた。だから兄貴は、映画については「あんな作りものを観るのか」ということで、全く興味が出なかったんだね。北海道時代でも、兄貴は金輪際、映画に行かなかったんだよ。

――ご兄弟でも全く違うのですね！

桜井　そう、同じ玩具でも全く違う遊びをしていた。それは、海外の電車のセットでね。父親が三井物産だったということもあって、同僚達がしょっちゅう海外に行くでしょ。当時の日本では、海外はものすごく珍しくて、子供用の玩具をお土産に持ってきてくれるんだよね。その中に、電車のセットがあって、機関車、客車、貨物列車が非常に精巧にできていた。レールがいっぱいあって、そのレールも分岐点があったり、交差点があったり、それを部屋いっぱいに敷き詰めたものだ。変圧器がついていて、電車が走り出す。そして線路の分岐点にボタンがあって、それを押すと電車が左右にバーっと走ったりしてね。これは非常に面白かった。今は日本でもそういうものが溢れているけれど、その頃は、そういうものは全然なかったんだよ。

――その玩具を、ご兄弟で全く異なる仕方で遊んでいたのですか。

桜井　私は、部屋中に布団や枕を出して、トンネルみたいなものを作って、その下を電車が通るようにしたんだよ。その頃のおやつにグリコのキャラメルがあって、その箱には必ず付録が付いていて、その中に紙で作った家があった。それを使って、街みたいなものを作ってね。さらに駅を置いて、今度は駅の横に変圧器を置いた。電車が出発すると、今度は布団で作ったトンネルをくぐって行く。こんな風に私は、街を作って、トンネルを作るといったことを必死になってやったんだよね。

ところが兄貴は、そういうことに全く興味を示さない。何をしたかというと、すぐにその機関車をねじ回しで外して、それから変圧器を解体した。つまり兄貴は、それを分解してまた元のようにすることに熱中するわけだよ。こうなると、兄弟でやることが全然違うじゃない。親も気がついたのか、その後は、海外のお土産をもらうときでも必ず二つ、同じものを持ってきてくれるようになったんだよ。

――桜井さんは物語を生み出され、お兄様はものの仕組みを調べられたのですね。

戦前の出生届

桜井　さて戦争の話に入る前に、私の出生の話もしようか。私は、母の実家のある高岡で、大正十五年の十二月二十何日に生まれているらしいのだけれど、出生届の日は違うんだよ。というのも、二十五日に大正天皇が亡くなっているんだね。昭和天皇の時のように、日本人は毎日天皇のご容態を気にしていた。だから両親は、私が生まれた時には出生届を出していないわけだ。そんな時に出生届を出すのは畏れ多いということだったと、両親は言っていたよ。

――天皇の存在が大きかったのですね。

桜井　また何かで読んだのだけれど、その頃に出生届を出すとはけしからん、ということで受け付けなかった村役場もあったようだね。そんなことで両親が私の出生届を出さずにいたら、十二月二十五日に大正天皇が亡くなり、その初七日である昭和二年の一月三日に出生届を出したというわけだ。

――そういう事情で出生届を遅らせたご家族は、他にもいそうですね。

桜井　そう、私は、昭和二年の一月三日生まれが日本に何人くらいいるのかを調べたことがあって、これが大変な数だった。つまり、同じように出生届を待っていた人達がいたことは間違いないんだね。

ただ、そのこと自体はあまり私の人生には関係ないはずだった。なぜかというと、一月生まれは早生まれだから、学年でいうと大正十五年に入る。だから、大正十五年の早生まれの一人にすぎないわけだ。ところが、戦後私が社長になった頃に、映画の関係で名前が売れてね。その時に、昭和生まれの社長特集というのをどこかの雑誌が行って、取材に来た。「卯年生まれの社長」ということで取材に来たんだね。私は、「俺は寅だよ、卯じゃない。届け出が遅れたんだよ」と言った。それに当時は、十二支というのは節分から節分まででで分けていたから、節分で干支が変わる。だから、昭和二年であろうと大正十五年であろうと、寅年は寅年だということだ。

――現在とは、干支の変わり目が違ったのですね！　では何としても寅年ですね。

桜井　そうでしょう。我が家では、父親が明治二十三年の寅年で、母親が明治三十五年の寅年で、そこに私が生まれたものだから、三匹目の虎ができたということで、親戚が「三虎」という額を作ってくれたり、三匹の虎がいる軸を贈ってくれたりしていたんだよ。

――ご家族の仲睦まじさが感じられます！

桜井　だから、私はもちろん寅年生まれのつもりでいたわけだ。それがその雑誌記者に急に卯年生まれと言われたわけだから、「冗談じゃない、私は寅年だよ」と断ったんだよ。

寅年と戦時中の「千人針」「千人力」

桜井　寅年の話に関してね、戦時中には「千人針」「千人力」という風習があった。出征兵士の母や妻が、白布に千人の女性に糸を縫ってもらい、それを腹に巻くと武運長久のご利益《りやく》がある。やはり白布に千人の男性から「力」という字を書いてもらい、軍帽の下に鉢巻をして戦場に赴くと同様のご利益があるという。もちろん今の感覚では他愛のない迷信に過ぎないが、家族にとっては真剣そのもの。しかも招集が来て入隊までは数日しかない。そこで盛り場などで白布を手に街頭に立ち、行き交う人に懸命に声をかける風景が日常的だった。それでも千人というのは大変な数だ。

ところがなぜか寅年の男性・女性だけは年齢の数だけ針を入れ、「力」という字を書けるということで、たとえば街頭では「寅年の方は居ませんか」と必ず大声を上げていた。

――寅年の人からすれば、年齢の数だけ針を入れるのは、大変なことですね。

桜井　そうなんだよ。今でもありありと思い出すのは、昭和十五年だったか十六年だったか、母と二人で銀座を歩いていたら、今の銀座四丁目「和光」の交差点で大勢の出征兵士家族が声を嗄らせており、母も私も寅年ということでたちまち取り巻かれ、延々と長時間、母は針を、私は筆を走らせた。たしかその時は母と映画を観に行ったはずだが、それどころではなく、立ったまま何百針を縫い続けた。母が疲れ果て、それだけで帰宅したんだよ。

――大変なことですね。

桜井 こんなこともあった。小学校時代の授業中、突然に中年の女性が教室に入って来て、先生に訴える。どうしても「千人力」が入隊に間に合わない。このクラスは全員寅年だから、至急皆さんにお願いできないか。女子のクラスには、「千人針」をお願いしに来た、と言う。もちろん授業は中止だ。これで一時間足らずで、五百、六百の「針」や「力」が達成できる。たまたま寅年生まれというだけなのに、奇妙な晴れがましさがあったね。

――寅年生まれだからこそ、力になれますもの。

桜井 そう、だから突然「卯年生まれ」と言われても、他の干支とは違って、ムキになって「否定したい」とその記者に説明したが、彼は全く馬耳東風で、「それは戦前の迷信に過ぎない。とにかく今は卯年生まれなのだから」と引き下がらない。その時、私は物凄く腹が立ったのを覚えている。この記者は戦前の日本を全く未開の野蛮国だったと思い込んでいる。そして、日本の伝統的な風習や言い伝え、さらに夫や息子を戦地へ送り出す、残された妻や母の必死な思いを一片も理解していない。これが戦後の教育というものかという怒りだった。同じ日本人とは思えない相手に怒りをぶつけても大人気《おとなげ》がないので、結局は渋々、卯年生まれにされてしまった。

第三章　開戦前（昭和十五～十六年）

中学校における軍国主義

――昭和の幸せな時代が終わり、戦争の影が忍び寄ったのは、いつ頃、そして、どのようにだったのでしょうか。

桜井 昭和十五年に小樽中学に入学した時は、日本の軍国主義の絶頂期で、軍部の独裁がクライマックスに上り詰める頃だった。中国との戦争がどんどん泥沼に入って行った頃でもある。小樽中学に入った途端に仰天したのは、中学校が全くの軍隊だったことだ。毎日ゲートルを巻いて登校しなければならず、小樽の街のどこでも、上級生にあったら敬礼をしなければいけなかったんだよ。

――敬礼ですか！　小学校の家族的な雰囲気とは、全く違いますね。規則も厳しくなりましたか。

桜井 厳しいなんてものじゃないよ。映画館に一歩でも立ち入ったら、即退学だった。喫茶店は、親が同伴のときのみ認められた。学校全体も全く軍隊のような雰囲気でね。週に何回か教練の授業があった。それに、弁当は日の丸弁当。梅干し一つのみが許されたんだよ。

――毎日、日の丸弁当ですか！

桜井　私にとっては、日の丸弁当しか持っていけないし、映画館には入れないし、喫茶店にも入れないし、地獄みたいなところだったね。

麻布中学に吹く自由な風

桜井　ところが、たまたま一年の一学期の半ば頃だったか、親父が東京に転勤になったんだよ。私は「やれやれ、東京に行けば、映画くらいは観られるだろう」と思ったものだ。

――良かったですね。

桜井　それが、両親がまず東京に行き、私は父の友人の家に下宿みたいな形で残った。映画も観られず、両親もいないから、好きなものも食べられなくてね。

――学校から帰っても、不自由だったのですね。すぐに転校できなかったのですか。

桜井　そう、一足先に上京した両親が中学を探してくれることになっていた。ただ二学期からということで、いかにも中途半端だった。それで父から手紙が来て、「どうも公立中学は空きがなくて無理みたいだ。高師（高等師範学校）は、二年の一学期からなら編入試験を受けてもいいそうだ」ということだった。

――東京行きがだいぶ先になってしまいますね。

桜井　それで私は、「冗談じゃない。こんなところにあと半年もいられるか。どこでもいい」と思っていた。そうしたら父からまた手紙が来て、「私立だが麻布中学というところなら、三井がスポンサーの一つだから、口をきける。それでもいいか」とあった。私は、「とにかく東京に行けば、今の状態から何とかなる」と思った。そうしたら、また手紙が来た。父は巻紙に筆で書いてくるものだから、読むのが大変だったけれども、やっと読んだんだよ。

——巻紙に筆とは、素敵ですね！　何と書かれていたのですか。

桜井「麻布中学が、修の小樽中学の一年一学期の成績が二五〇人のうち十番以内だったら、編入試験を受けてもいいと言っている。何とか十番以内になれ」という内容だった。結果的には七番か八番だったと思う。

——いよいよ東京へ脱出ですね。

桜井　当時は小樽から東京まで、四十何時間かかかったんだよ。一人で函館に一泊して、青函連絡船に乗って、翌朝に青森まで行き、やっと東京に着いた。そうして麻布中学の試験を受けたら、何とかパスした。

——今では考えられないくらいの長旅ですね！　麻布中学は今も名門ですが、当時はどのような雰囲気だったのですか。

桜井　一番の関心事は、とにかく映画が見られるのかどうかということだったんだよね。でも、それを事前に聞くわけにも行かない。そうしたら、試験の最後に校長面接があった。清水由松という有名な人だったけれどね、「君は合格したから、本校に受け入れるよ。おめでとう。ついては質問があるか」と言うので、「本校では、映画を観に行ったら処分されるのでしょうか」と聞いた。おそらくそういう質問をした生徒は初めてだったんじゃないかなあ。

――驚かれたでしょうね！

桜井　そう、校長は「え、君は映画が好きなのか」と言った。私は「ずっと好きで、小樽でも映画館に入り浸っていました」と答えた。そうしたら、「そうか」と言ってね。その後の校長の台詞が、忘れられないんだよ。大人はこういう言い回しをするのかと思って、はっきり覚えている。「私は、映画を観てもいいとか悪いとかは、一切言いません。ただ一つだけ言えることは、君がさっき入ってきた校門。授業が終わったら、君はあの校門を出る。本校はだいたい三時くらいに終わる。校門を一歩出たら、その後は全て君の時間だよ」と、そう言ったんだね。私は「ありがとうございます」と答えた。

――生徒の自由を重んじていますね。小樽の軍国主義の中学校とも、学問的達成を重視する誠之小学校とも、違いますね。

桜井 自由といえば、もう一つ決定的だったのは、弁当だよ。麻布中学でも日の丸弁当かと思っていたら、パン屋が店を出していて、好きなサンドイッチを作らせてもいいというんだ。これには仰天した。

――パン屋さんですか、いいですね！

桜井 家に帰って母親に言ったら、母親も「へえ、ずいぶん小樽とは違うわね」と驚いていた。初めての登校日にみると、たしかにパン屋の出張した机がある。その上、小樽中学では日の丸弁当を自分の机で食べ、先生も同じものを教壇で食べていたけれど、麻布中学では「サンドイッチを教室で食べてもいいし、校庭で食べてもいいし、すぐ眼の前の有栖川公園の中で食べてもいいよ」と言うんだね。これまたカルチャーショックで、同じ日本の中で、こうも違うのかと思った。

――公園で食べてもいいなんて、楽しそうですね！　お昼の時間も、生徒の自由を尊重する場のようですね。

桜井 ただし翌十六年の十二月に戦争が始まると、パン屋はなくなり、サンドイッチを持って公園で食べるということはできなくなった。開戦前と後では、物凄く落差があったんだね。そして昭和十七年からは、全てが不自由になった。

――そんな自由な学校でさえ、戦争の影響は免れなかったのですね。

桜井　自由といえば、麻布中学の校風はおそらく当時の公立校とはかなり違っていたようだ。先生の多くはユニークでリベラルな風合いがあったし、生徒の方もリベラルな家庭育ちが多かったようだ。例えば、三年上のクラスには吉行淳之介、一年上には山口瞳、同学年には北杜夫がいた。彼の本名は斎藤宗吉。その父は有名な歌人の斎藤茂吉で、青山脳病院の院長でもあった。この病院は我が家のすぐ近くだったから、よく遊びに行った。一学年下にはフランキー堺、小沢昭一、仲谷昇などがいた。

学内だけの会誌にはそんな先輩や後輩の作文が掲載され、その大人びた文才や警抜なウイットに舌を巻いた。戦時中ながら、軍国主義的なカケラもなかったんだよ。

東京中で映画を観る

――麻布中学ご入学後も、映画館に入り浸られたのですか。

桜井　当時は、新聞の最後に映画館の広告がずらっと並んでいた。それを見たら、東京にはなんと一番館から二番館、五番館まであるんだね。小樽では二番館までしかなかったけれど、東京では五番館まであるから、去年の映画を上映している館もあれば、今日封切り館のところもある。数年前の映画であっても、名画であればどこかで上映している。飛び上がる思いだったね。

――映画を観る楽しさが、東京中に広がりますね！

桜井 誠之小学校のときは本郷にしかいなかったけれど、今や東京の地図を広げて、新聞広告を見ながら、映画館のある場所を探したんだよ。そして麻布中学の授業が終わると、天現寺か西麻布に出て、都電に乗って、映画館にどう行くのかというところを研究した。

――当時の都電はどうでしたか。

桜井 都電は七銭で、何回乗り換えても七銭で行けたんだね。四谷塩町に行って、乗り換え、大森や赤羽まで行ったものだ。そうして、小樽時代に観たいなあと思っていた、両親や家に来る人達が話していた昔の映画、例えば『モロッコ』とか『カラマーゾフの兄弟』『たそがれの維納《ウィーン》』『未完成交響曲』『会議は踊る』などといった名画を観た。

――山の手で生活されていた桜井さんが、名画を観に下町までいらしたのですね。

桜井 その時に気づいたのは、いかに東京が広いかということだ。場所によって、映画館の雰囲気が全然違うんだね。東の方、西の方でも違う。

これは戦後の話だけれど、東京の東西がどれだけ違うかという例を一つ挙げよう。私は山田洋次監督が好きで、『男はつらいよ』シリーズを全部観ている。特に新しい作品がかかると、だいたいは浅草松竹で観ていたんだ。そうすると、映画の中身と観客席が一体になって、館内全体が笑い転げて、完全に寅さんの世界に映画館が浸っている。ところが一本か二本、時間がなくて、渋谷松竹で観たことがある。すると反応が全然違うんだよね。もちろん笑うところは笑うけれど、どこか取り澄ましていて、これは娯楽映画だという半身の構えでいたり、浅草だったら笑うだろうという所で反応がなかったりする。この山の手と下町の違いは、中学生で映画館をめぐっていた時に感じた、東の方と西の方とでは反応が全然違ったことと同じだと思うんだよ。

――東京の中でも、そこまで違うとは！　映画が、色々なことを教えてくれます。

共産主義と映画

桜井　映画が教えてくれたことといえば、共産主義もそうだ。私が中学生の頃、共産主義は「アカ」と言われていた。「あいつはアカなんだ」と。下手をすると牢獄にぶちこまれるということを、子供心にも分かっていたものだよ。ただ不思議なことに、我が家にはマルクスの『共産党宣言』とかレーニンの本が並んでおり、父親は一応そういう本を読んでいたようだね。

―― 桜井さんはまだ中学生ですが、共産主義に対して何か感じていらっしゃいましたか。

桜井 子供心にも、何か共産主義が肌に合わないなというのがあったね。その頃に内田吐夢の『限りなき前進』を観た。映画館を出てから、親父が「やっぱりあれはアカの映画だなあ」と言った。「そうか、やっぱりアカだったか」と思ったのを覚えているね。

―― 映画にも共産主義が入り込んでいて、子供にも分かるほどだったんですね。

桜井 その頃からどんどん戦争に入っていったから、共産党どころの騒ぎではなかったけれどね。ただその頃に私を可愛がってくれた数年上の先輩がいて、彼は映画も好きだった。彼は入党はしなかったけれど、かなりアカに染まりつつあったようだ。青山の我が家の割と近いところに住んでいたので、私は彼のところによく遊びに行った。そこへ特高が突然やって来て、彼を連行して、それから彼の部屋にあった本を全部没収したということがあったんだよ。

――恐ろしいですね。桜井さんのお父様は『共産党宣言』をお持ちでしたから、心配されたのではないですか。

桜井　そう、私は、我が家にもそういう本を置いておくのはまずいんじゃないかと父親に言った覚えがある。すると父親は、「俺は三井物産で、全く共産主義に関係ないんだから大丈夫だ。これは日本人の教養として読んでいるんだから問題ない」と言ったんだよ。

――それにしても、共産主義が浸透していたんですね。

桜井　後に私は昭和二十年に一高に入るけれど、その時に驚いたのは、当時の寮がかなりアカに染まっていたことだ。一高は全寮制だったから、寮イコール一高だ。

――どうしてそこまで、知識階級に共産主義が広がったのでしょうか。

桜井　当時の共産主義のシンパで一番多かったのが、地主階級だった。桜井の本家というのは戦前に貴族院議員をしていて、富山県の名門で、大変な大地主だったんだね。この本家もかなりアカになっているという感じが、子供心にも分かった。なぜかというと、昔の地主階級というのは、全く額に汗をかくということをせず、高等遊民だったわけだね。

――どういうことですか。

桜井　夏目漱石の小説からも分かる。『それから』、『門』、『行人』に出てくる人はみんな高等遊民だね。地主だから、またはその息子だから、働かなくてもいい。ある意味では、根無し草みたいになったわけだよね。単に地主であるがゆえに贅沢な暮らしもできて、いい大学にも入れて、何の心配もない。しかし、何かそれが後ろめたいという感じが、地主階級にはあるわけだ。

――桜井さんの本家の方々も、そうした後ろめたさを感じておられたのですか。

桜井 そうだろうね。その後ろめたさを埋めようとして共産主義に入ったという感じが、本家の息子を見ていて感じられた。同じことが、映画界にもあったと思う。内田吐夢も、割と裕福な家の息子だろうね。それは日本だけじゃない。『山猫』（昭和三十八年、日本公開）の監督ヴィスコンティは「アカい貴族」だね。彼がアカに染まるのと同じことが、日本でもあったと思う。大地主の息子がね。

――高等遊民や、階級社会というのが成立し難い雰囲気になっていたのですね。

李香蘭と銀座の大群衆

――「昭和の小春日和」に終わりが近づき、人々が軍国主義や共産主義といった思想に傾きながら、戦争に突入しようとしていることが感じられてきました。他にも戦前の思い出があれば、お聞かせいただけますか。

桜井　転校した翌年、昭和十六年の正月に、後々まで昭和の光景として思い出すものを見た。それは、李香蘭のショーのために並ぶ群衆だ。李香蘭が日劇に出るというのでとにかく見ようと思い、住んでいた青山の外苑前から銀座まで、地下鉄で行ったんだよ。

――李香蘭はそんなにも人気だったのですか。

桜井　銀座に着いて四丁目を上がったら、とにかく仰天した。人が溢れていて、車が止まっていたんだよ。何事が起こったのかと、一瞬分からなかった。大群が日劇へ向かっていたからね。私はそこを少し歩いたけれど、日劇の周りはもう近づけないほど大群衆がいた。三十分以上待ったところで、もうこれ以上待ってもしょうがないと思った。建物に近づけないんだもの。ただもう唖然として帰ったことを覚えているね。

おそらく一人の女優にあれほど人気が沸騰したのは、この国では初めての現象だったのではないか。『白蘭の歌』（昭和十四年）や『支那の夜』（昭和十五年）といった主演映画も超満員だったし、その主題歌も大ヒットした。その頃は中国人と思われていたから、エキゾチックな魅力もあったに違いない。もちろんテレビのない時代だから、日劇で実物が見られるという騒ぎだったんだろうね。

開戦前日に観たアメリカ映画

桜井　それから、昭和十五年、十六年はアメリカ映画をふんだんに観ていた。当時の新しい映画といえば、例えばジェームズ・スチュワートの『スミス都へ行く』（昭和十六年、日本公開）、『駅馬車』（昭和十五年、日本公開）だったね。

――『駅馬車』でアメリカ映画を好きになられたとのことでしたね！

桜井　生涯忘れられないのは、昭和十六年の十二月八日、戦争が始まった日のことだ。その日は月曜日だった。その前日、つまり日曜日の夜に、私は両親と一緒に、日比谷映画劇場で『消え行く灯』という映画を観た。この映画はそれほど有名ではなかったけれど、当時人気絶頂のロナルド・コールマンが出ていたんだよ。

――開戦前日まで、アメリカ映画が上映されていたのですね。

桜井　両親はロナルド・コールマンの大ファンだったから満足して、家に帰ってから三人で映画の話をした。そして翌朝目が覚めたら、戦争が始まったという。

――とても驚かれたのではないでしょうか。

桜井　麻布中学に登校したら、「おい、いよいよ始まったぞ」と騒いでいたね。私が最初に思ったのは、アメリカ映画はどうなるんだろうということだった。それで下校の時に、日比谷に行ったんだよ。昨夜観たばかりだったからね。そうしたら、日比谷映画劇場には大きな看板がかかっていて、「アメリカとの戦争が始まったので、映画は中止。当分休館します」と書いてあったんだよ。

――開戦で、一気に日常が変わったのですね。

第四章

戦争

（昭和十六〜二十年）

戦争の予感と期待

――開戦後は、どのような雰囲気でしたか。

桜井 当時の国民は、戦争がもう始まるんだろうという予感を持っていたから、むしろいよいよ始まったということで、にわかに晴れ上がったような印象があったと思うんだよ。「小春日和」の昭和十三年頃から、いずれアメリカとの戦争は避けられまいという予感のようなものは、当時の大人も子供も、言わず語らずのうちに持っていたと思う。軍部が独走して、国民は騙され否応なしに巻き込まれたと言われるが、それは一面しか見ていない。

――それは知りませんでした。詳しくお聞かせいただけますか。

桜井 その頃を思い出すと、アメリカと戦争になっても、何とかいい勝負に持ち込み、独立は守れるだろうと予想していた。その一つは同盟国ドイツの頼もしさだ。昭和十四年に始まった第二次大戦でドイツ軍は強さを示し、たちまちヨーロッパの大半を占領した。それより三年前のベルリン・オリンピックを描いた『民族の祭典』はほとんど日本中の津々浦々の人々が観た傑作であり、もちろんホロコーストなどは全く知らないから、ドイツやヒトラーの人気は今の人達の想像を超えるものだった。戦前の教育はドイツを範としたものだから、その人気は知識階級でも同様だった。

また大国ロシアに勝った体験も全国民が共有していた。そして海軍だ。ドイツのおかげで敵はアメリカ一国だ。アメリカ相手なら海軍だ。海戦になれば、まだ空軍は脇役で、大艦巨砲の勝負だと思っていたものだ。長期戦に耐える国力の差はあっても、早く大海戦に引き込んだら、五分五分に持ち込めるのじゃないか。そしてこんな予想は多くの国民が共有していたのじゃないかな。だから、真珠湾のニュースは心の底から嬉しかった。

戦時下のフランス映画と日本映画

――外国映画は観られなくなったのですか。

桜井　戦時、敵国であったアメリカとイギリスの映画は一切禁止されたわけだけれど、戦争をしていないロシアの映画は日本に入ってきたんだよ。そして早々とフランスが降伏して、ド・ゴールがイギリスに逃げ、親ドイツ政権ができると、フランスが日本にとって友好国になった。だからフランス映画は日本に入ってきて、観られたんだね。

――どのようなフランス映画が輸入されていたのですか。

桜井　たとえば『商船テナシチー』（昭和九年、日本公開）や『どん底』（昭和十一年、日本公開）などがあった。一番思い出深いのは、『格子無き牢獄』（昭和十四年、日本公開）だ。大評判だったからもちろん追いかけたが、二度も上映直前の警戒警報で見損なった。戦後になってようやく、大人気だったコリンヌ・リコシエールに出逢ったが、その時はもう戦争協力者ということでリンチされていた。一高の寮の幾つかの室には、彼女のプロマイドがあった。

――日本映画もご覧になられましたか。

桜井　当時の映画雑誌には、ハイブロウなものから大衆向けのものまで色々あり、随分それらを読みふけっていたから、日本映画のことは大体分かっていたわけだけれど、何となく、今の言葉で言うと「ダサい」というか、昔の言葉で言うと「辛気臭い」というか、ある種の暗さみたいなものを感じていたんだよね。だから、見知らぬ国の見知らぬ人のドラマを観る時のような、フレッシュなものが感じられなかった。私は、チャンバラものがあまり好きではなかったしね、子供は喜んで観るものだったんだろうけれど。だから、戦前に『路傍の石』を観て映画を好きになったものの、それ以外の日本映画はあまり好まなかった。

――小津安二郎などはどうですか。

桜井　小津安二郎も初期のトーキーになるまでの作品は観ていない。これが日本映画の大家の小津安二郎かということで初めて観たのが、『戸田家の兄弟』（昭和十六年）。ただ私はやはり小津が理解できなくて、あまり印象を受けなかった。その後にもう一本、『父ありき』（昭和十七年）を両親と観た。これもまあまあだと思ったけれど、当時の私にとってはあまり痺れるものがなく、辛気臭いという感じがあったんだね。

――そうした小津の映画を、戦時下の封切り時にご覧になられているのですね。

桜井　そうだね。昭和十七年というと太平洋戦争が始まっていたから、日本映画は戦意高揚一点張りで、軍国主義謳歌の映画しか作れなかった。それが『父ありき』には、全く軍国主義が出て来ない。子供心にも、これは違うなと思ったよね。そして、それを作った小津安二郎というのは偉いんだなと思った。

――一般的には、映画にも戦争の影が色濃く表れていたのですね。

桜井　そもそも戦争真っ最中の日本は、戦時統制に入り、物資がなくてフィルムも少ないから、映画会社直営館の権利を認めなかった。だから、日本中の映画館を紅白の二色に分けた。紅系と白系、つまり、常に二本しか作らせていなかったということだ。

――観られる映画が限られてしまいますね。

桜井　例えば「～松竹」、「～日活」、「～東宝」と名前がついているけれど、二本しか認められないものだから、それ以外は観られないでしょ。それで、紅と白のどちらが人気があるか、今週は紅系の方が客が入ったとか、今週は紅白がいい勝負だったとかいうことが新聞に載っていたね。

その中にあって昭和十八年、黒澤明が『姿三四郎』でデビューした。最初は紅と白のどちらかで上映されたけれど、たちまち爆発的な人気になり、寄ると触ると『姿三四郎』の話になった。大人も子供も『姿三四郎』に痺れる状況だった。街を歩くと、子供達が柔道着を着て「俺は三四郎だ」といって遊んでいるのをしょっちゅう見かけたものだ。『姿三四郎』の方にしか客が入らず、もう一方の色にはほとんど客がいないという状況になった。それでとうとう紅白二系統を一本にして、日本中の映画館が『姿三四郎』を上映した。これは大変なことだったんだよ。どこに行っても『姿三四郎』をやっているわけだからね。

――日本中どこに行ってもとは、すごいですね！　桜井さんもお好きでしたか。

桜井　私も黒澤明の切れ味というものを感じ、子供心にも痺れた。映画理論的なことはまだ全然分からなかったけれど、黒澤のいわば「映像で語るダイナミズム」。先ほどの言葉で言えば、小津安二郎の「辛気臭さ」と対照的なところにある、ドラマチックなものを感じたんだね。私が初めて監督の手腕というものに惚れ込んだのが、黒澤明だった。

――戦時下で、それほどのものを作ったのですね。

桜井　紅白二系統の戦争中の映画でまともなものというと、黒澤明の『姿三四郎』と、先ほど話した小津安二郎の『父ありき』。そしてもう一本が、稲垣浩の『無法松の一生』（昭和十八年）だった。これも私が痺れた映画の一本だね。

――その『無法松の一生』、観たことがあります。阪東妻三郎の演じる、豪放磊落な雰囲気の無法松も、楚々としたヒロインも、面白い脇役達も、みんな良かったなあと思います。

桜井　そのヒロインだった女優は、広島の原爆で亡くなっているんだよね。

勤労動員として働く（昭和十九年）

――戦争の影響は、麻布中学でも強くなっていったのですか。

桜井　学生はみんな、勤労動員として駆り出されたんだよ。

――工場で何かを作っておられたのですか。

桜井　私は麻布中学から蒲田の軍事工場へ行き、昭和十九年から一年間そこにいた。とにかく変なものを作らされてね。熟練工がいて、我々は何にもできないけれど、そばで色々な手伝いをやらされたね。機械に慣れるまでが大変だったのだけれど、それでもその機械で、「ミーリング」といったか、軍用機の機関銃の台座みたいなものを作らされた。

——実際の戦闘で使われるものを作らされたのですね。前線にいなくても、戦争を間近に感じたのではないでしょうか。

桜井　色々分かることがあったね。その熟練工はなかなかいい人で、ある時「おいこれを見てみろ。備品の旋盤がmade in USAだ」と言った。しかも「1932」と書いてある。昭和七年にアメリカで作った旋盤を、十二年経って日本の軍需工場で大事に使っていたわけだ。その熟練工が、「これはわりと使い物になるよ」と言いながらも、「これじゃなかなか奴らに勝つのは難しいよ」と言ったのを覚えている。

東京大空襲を青山から見る（昭和二十年三月十日）

——すでに昭和十九年に、小さなところから国力の差が感じられたのですね。先ほどは映画に関連して、日本に物資がなかったというお話もありました。さらに空襲も始まりますね。

桜井　昭和二十年に入ってからは、東京にもどんどん空襲がやってきた。初めて凄まじい空襲になったのが、三月十日。これはもう有名なものだね。この時、それまでもあちこちで空襲があったけれど、自分の方へは来ないのではないかと、もう一つ実感が湧かなかったんだよ。ただ、その三月十日のときにはラジオが、今度は物凄く沢山のアメリカの爆撃機が大挙してやって来たと言っていた。

――ついに東京に大空襲が来るというのを、前もって知らされていたのですね。

桜井　そのうち空襲警報が鳴り響き、みんな電気を消して真っ暗になった。高射砲の音と、飛んできた爆撃の音だけが聞こえた。私は青山の家の二階の物干しに上がってみた。そうしたら、下町の方の空が真っ赤になって見えるんだね。そこへアメリカの爆撃が空を覆うようにやって来る。

まだ何機か残っていた日本の戦闘機がそれに立ち向かっていくのだけれど、もう全然歯が立たないわけ。それでも日本の高射砲がアメリカの爆撃機に命中する時があった。それは花火なんてものではなくて、物凄い光景だ。わーっと空が盛り上がり、その残骸が下に落ちていく。すると私は物干し台で拍手をした。青山にはまだ火の粉が来ていないから、何となくまだ呑気だったんだね。その間に下町がどんどん燃えていくのが分かった。

――空襲を目の前でご覧になられたのですか……。

桜井　翌朝になったら、どうやら下町は壊滅的にやられたらしいということが分かってきた。ラジオくらいしか情報がなく、三月十一日というとまだ学校があったから、ともかく麻布中学に行ってみた。そうすると、やはり状況が分かって、下町が壊滅的にやられたということだった。同時に、当時の私のクラスメートの中で五十人のうち十何人が下町だったかな、どうやらみんなやられたらしいという話だった。

――そんな……。

桜井　三月十一日の朝には、なんと電車が動いていたんだね。前に話したように、私は麻布中学へ転校してから、映画が観られる嬉しさに、電車を乗り継いで東京の映画館を観て歩いていたから、随分と土地勘がついていた。そこで麻布中学からそのまま下町の方に行く電車に乗った。そうしたらもう、今の丸の内あたりを通り過ぎる辺りから日本橋の方に入ってきたら、実に無残な状態になっている。

電車はちょっと動いては止まり、動いては止まった。やっと隅田川の辺りに来て、これ以上電車は行けなくなった。その時の隅田川の光景というのが、本当に目を覆うような状況だった。死体が全部浮いているわけだからね。結局その時は、クラスメートが四人か五人、亡くなっていた。

一高のクラスメートが招集される（昭和二十年）

――壮絶な光景で、なかなか言葉が出てきません……。学校は続いたのですか。

桜井　それが三月のことだね。私はその前の二月に入学試験を受けて、旧制一高に合格し、四月に入ったら一高に入学した。そして青山の家を出て、一高の寮に入ったんだよ。もう入学式も授業も何にもなくて、すぐに一高からの勤労動員となった。

我々の世代は、一年早く生まれているかどうかで天国と地獄の差があった。私は幸運であったといっても、後ろめたさのようなものがどうしても心の中にある。というのも、私は一高の理科に行って徴兵猶予を受けたのだけれど、一緒に文科に行った者は何人か召集された。一高の寮は文科も理科も関係なく十二人が一部屋にいたけれど、その中に赤紙が来た。

その晩は、酒も食べ物も何にもない中で、電気も点かないから蝋燭で、お別れ会をした。翌朝は寮歌を歌って、校門まで見送りに行った。本当に、死ぬことがものすごく身近だったんだね。

一高で大空襲に遭う（昭和二十年五月二十五日）

桜井　そのうち五月二十五日に、アメリカの大編隊が、今度は下町ではなくて山手の方に掃討に来た。青山、渋谷、新宿、五反田、品川から舐めるように全部焼ききったんだね。そのとき私は一高の寮にいた。考えてみると私は何回か命が助かっているのだけれど、その日もそうだった。その五月二十五日の日は、勤労動員から寮に帰っていた。そうしたら空襲警報が鳴り響き、アメリカの大編隊が空を覆い尽くすようにやって来て、焼夷弾をどんどん撒き始めた。

――寮にも焼夷弾が落ちてきたのですか。

桜井　今の東京大学の教養学部、当時の一高のキャンパスに、本当に雨あられと降ってくるわけだ。その頃はまだ鉄筋コンクリートの校舎の他に、木造の武道場や集会場があった。それがたちまち、どんどん燃えていく。私は寮に帰っていたから、消火団に入れられた。ところが、もう消火団という次元ではないわけだ。何もかも燃えたぎっていて、風が吹き、物凄い火の勢いだったから。

――どのように逃げられたのですか。

桜井　一高の寮の脇には、道が続いていた。私はやられると思い、とにかくその道に出て行った。そうしたら、そこへまた焼夷弾の火の粉が落ちてきて、私の着ているものに燃え移ったんだね。やられたなあと思った。そこからが、どのくらいの時間か分からないのだけれど、気を失った。気が付いたら、その道の両側に防火水槽というかなり深い水槽があって、私はその中にいて水をガブガブ飲んでいた。

なんで水槽の中にいたのかは分からなかった。後でみんなと話したのは、結局、私の着ているものがどんどん燃えて、道に倒れていたんだろうね。そうしたら後から走ってきた人が、私が燃えているものだから、横の水槽へ蹴飛ばして入れてくれたと、間違いなくそう思うんだよ。そして水槽の中で私を覆う火が消えて、私は水をしたたか飲み、息を吹き返した。

――焼死寸前のところに、水槽があり、桜井さんをそこへ蹴飛ばした人がいたとは、奇跡のようです……。息を吹き返した時も、まだ空襲は続いていたのですか。

桜井　やっと水槽から這い上がったら、これは経験しないと分からないのだけれど、もう何にも見えないんだよ。いわゆる爆風のせいだ。火事というのはそういうものなんだろうけれどね。どちらが東か西かも分からず、ただ分かるのは、自分のいる道路だけだった。

そしてとにかく、立って歩くことが全くできないから、道路を這った。

這うといったって、どっちに這ったらいいのかも全く分からない。じっとしていたら煙に巻かれて窒息してしまう。だから、少しでもその爆風の来ない方向へと這って行った。そうしたら、今でもよく覚えているけれど、その爆風の中で私の耳に、大勢で寮歌を歌っている、その歌が届いてきた。


──寮歌ですか。


桜井 一高の寮歌はいっぱいあるけれど、そのときの寮歌は、「あゝ、向陵よ、いざさらば」というものだった。「向陵」というのは、一高のことだ。その最後の文句の、「あゝ、向陵よ、いざさらば」というところだけを、大勢で、繰り返し繰り返し歌っている。私は地面を這いながら、ああ、あの声のする方に行けば助かるかもしれないと思った。何にも見えないし、とにかくその声のする方角に這い続けたんだよ。

キャンパスの一番端に、野球場があった。寮歌はどうも野球場の方から聞こえるということだけが分かってきた。その大勢の声が響く方角へと這っていくと、少し煙が薄れてきて、息ができるようになった。

やはり野球場だったんだね。野球場には建物がなく、燃えるものがないから、煙はすごいけれども、火はあまりないわけだ。野球場の外野のところにたどり着き、やっと少しずつ見えてきた。そうしたら二、三十人がいるのが見えた。みんな勤労動員に行っていたから、寮にいた生徒はあまりいなかったのだけれど、それでも二、三十人くらいはここに逃げてきたんだね。

当時の一高の校長は、安倍能成という、後に文部大臣になった有名な人だった。この安倍校長を、その二、三十人の生徒が囲んでいた。後で聞いたのだけれど、安倍校長が「この煙に巻かれて、あちこちで何も分からない者がいるだろうから、みんなで声が嗄れるまで歌い続けろ」と言われて、それでみんなで歌っていたんだね。「あゝ、向陵よ、いざさらば。あゝ、向陵よ、いざさらば」と、繰り返し繰り返しね。そのおかげで私は助かっている。今度は私もその中に入って、声を嗄らすまで歌った。

――焼死寸前から、水中で息を吹き返し、煙の中を這われて、最後は、助ける側に回って歌う……。なかなか言葉になりませんが、どれだけの生死の境があったのかと思います。

桜井　あの時の、気を失って死にそうな中で、水を飲んで這い上がってから野球場にたどり着くまで、一時間くらいかかっているんだろうけれど、終生忘れられない光景だね。

無残に焼けた山の手を歩く（昭和二十年五月二十六日）

桜井　その大空襲からようやく夜が明けて、生き残ったことだけは確認できた。今度は、一体我が家がどうなったか、両親はどうなったかということが気になる。仲間から「お前の家は青山だろう。時計台の上に上がれば分かるんじゃないか」と言われて、そうだと思った。時計台の建物は鉄筋だから、焼け残っていたわけだ。

私は一高に入ってからそれまで、時計台の上に上ったことはなかったんだよね。螺旋階段のようなものを上り、大変だったけれども、初めて一番上に来て、時計台の上にどうやって行くのかということが分かった。

時計台の上から景色を見回した時の光景は、「地獄の川は賽の河原」というのはこのことかと思うような、とにかく見るも無残に全部が燃え上がって、見渡すかぎり焼け野原になっていた。青山の方を見ると、これはもう全く地獄で、駄目だろうなあと思った。でもとにかく両親の安否だけは確認したいと思い、時計台から降りて、青山まで歩いてみようと思ったんだね。

家までは歩いて一時間くらいだろうと検討がついていた。それで一高の駒場から、まずは渋谷へ行った。ところが、見慣れた道だけれど両側の建物が全部なくなっていて、ただただ焼け野原になっている。方角など検討もつかないんだよ。それでもやっと、これが渋谷の辺だろうと歩いて行った。

渋谷の中心地は谷底なんだね。道玄坂、宮益坂、こっちには駒場へ上がっていく坂がある。谷底だから、焼死体が山だった。歩こうとしても、焼死体につまずいてしまう。それがまた無残な死に方で、ああ両親はこうなっているのかなと思いながら歩いた。

――渋谷がそんな風で、桜井さんがその中を歩かれたとは……。

桜井　あの頃はハチ公の銅像も、いわば軍需用に接収されていた。ただ電車の高架は残っているから、この辺に東急百貨店があったんだなという検討をつけて、それによってようやく、青山に行く坂道はこれかなというのが分かった。ただし、一切建物がなくなり、黒焦げの色々なものが折り重なっていて、その中に焼け死んだ人がごろごろいる。それをかき分けかき分け、青山の方に上っていった。

ところが、道の両側が全部焼けている。その頃は市電が走っていて、レールが残っていたから、それだけを頼りに、このレールを辿っていけば青山通りに出るだろうと思った。そうしたら、左側に石灯籠が見えてきた。ご存知かもしれないけれど、神宮前に表参道があるね。あの両側に石灯籠があり、それが焼け残っていたんだね。ああ、ここが表参道入口だと思った。そこから少し逆に入ったところに我が家があったんだよ。

――お家の方までたどり着かれたのですね。

桜井　石灯籠のところに来たら、「おーい、一高の学生」と呼ぶ声がする。見たら、消防団のような警報団のような人がいて、「ちょっと手伝ってくれ」と言う。「何を手伝うんですか」と応えると、要するに、道にあふれている焼死体をトラックに乗せて、まとめてガソリンをかけて焼くんだよね。そこまでを全部やってくれという。

焼死体は男か女か全然分かからず、黒焦げだった。ただ、当時はみんな胸に認識票のようなものを付けていた。名前と血液型を書いたものを付けていたんだよ。そうすると、顔が全部焼けて男女の区別もつかないけれど、案外認識票が残っているんだね。それは布だったから、なぜ残っていたのかは分からない。

私は死体を運びながら認識票を見ると、我が家の隣組の人が何人かいた。ああ、これは両親もやられたなと思いながら、それでも死体を全部運んだ。そして、「ガソリンをかけて焼くのだけは勘弁をしてくれ、私はすぐそこの家を見に行きますから」と言って、家の方角らしきところに向かった。

――ご自宅のあったところは分かったのですか。

桜井　いやいや、どの辺に我が家があったか、全く見当がつかないんだよ。つまり、目印が何にもないからね。そうしたら、これまた忘れられないのだけれど、道の真ん中に、若い女性がうつ伏せに亡くなっていた。なにかその雰囲気が、私が知っている人のような気がして、仰向けにして顔を見ようとした。

幸いと言うか、窒息死で、顔は焼けていなかった。そうすると、家のすぐ近所の小森さんというお医者のお嬢さんだった。私も小森医院に何度か行っていて、お嬢さんが看護婦代わりにいたから、知っていたんだね。

ああそうか、じゃあこの辺りが小森医院だったんだな、ではこの辺りが我が家だと思った。そうかといって彼女の死体をどうにもできず、手を離して、また少し先を歩いた。

両親の奇跡的な生存（昭和二十年五月二十六日）

桜井　そうしたら、もちろん我が家は全部焼けていたけれど、水道の蛇口は残っていたんだね。それで道の傍らで、その蛇口から水を出して飲んでいる男がいるんだよ。直感的に、あれは親父だなと思った。それで、「おい、父さんか」と呼びかけた。男が振り向いたら、やっぱり父親だった。「おお、修か」、「ああ、父さん」、「大丈夫だったか」。「母さんは」、「大丈夫だ。今、防空壕の中へ残っているものを見に行った」。そしてやっと、どこに家があったのかが分かって、庭にあった防空壕も分かった。防空壕に入ると、中では母親が、水浸しの焼けているものを一生懸命見ている。「ああ修、生きていたか」。そうして親子三人が一緒になった。

――奇跡的に生きておられたのですね。

桜井　そう、私も「よく生きていたね」と言った。隣組は十五軒か十六軒あったけれど、そのうちの十二軒か十三軒が全滅で、我が家を入れて三軒だけが生き残っていることが分かった。「なんでそんなことが起きたんだ」。

こういうことだった。もうどんどん空襲が激しくなって、隣組は「とにかく避難しよう、何も持たずに」と言ったんだね。うちの隣組は、そういう場合は明治神宮の方に逃げろということになっていて、みんな明治神宮の方へ逃げた。父も母に「もう何を持ち出してもしょうがないから、早く行こう」と言った。そうしたら母が、「あれだけは。防空壕の中にもう一度」と戻り、父が「そんなものをどうするんだ」と言っている間に、他の人がどんどん逃げたのに、両親は逃げ遅れたわけだよ。

そして母親が何かを抱えて出てきて、父が「何をやっているんだ」と言って、二人でみんなの後を追おうとした時に、ものすごい爆風で全然進めない。爆風に押し流されるようにして、明治神宮に行こうとしてもそっちから風が吹いて来るから、逆の方向に流されたんだね。そして二人は気がついたら、青山墓地にいた。

逃げ遅れた三軒は、みんな青山墓地で助かっているんだよ。忠実に明治神宮に逃げた者が、先ほど話した石灯籠の辺りで、みんな焼けてしまった。

――この時も少しの差で、生死が分かれたのですね……。なぜ、明治神宮では助からなかったのでしょうか。

桜井　今でも青山通りや神宮前に行くと分かるけれど、青山通りから明治神宮へ向かって、表参道は下り坂なんだよ。それから逆の方向へも下り坂なんだね。そして渋谷からは上り坂。つまり、あそこが頂上になっているわけだ。だから、表参道入口へ全部火の粉が集まったんだよ。

戦時中はそこまで考えられないから、坂を降りて明治神宮の森に行けば助かると思っている。ところが、途中からはもう、四方の坂から爆風が吹き上げてくるから、行けないわけだ。そして逃げ場を失い、あそこで全滅してしまったんだね。いまだにあの辺を通ると、当時の光景を思い出す。

――今は人々に溢れ、観光地にもなっているあの場所ですか……。お母様は、防空壕から何を持ち出されたのですか。

桜井　母親が一体何を持ち出したかというと、一家のアルバムだったんだよ。大体のものはその前に富山の田舎へ送っていたんだけれど、本だとかレコードだとか当座着るものとか、それからアルバムはかさばるから、残していたんだね。母親は、「これだけが桜井家の唯一の思い出だ。これがなくなったら何も残らない」と言って、防空壕へと取りに戻った。そのおかげで、母親も父親も助かったんだね。

――家族への愛が、奇跡的なご生存につながったように思われます。今感じていることを言葉にするのは本当に難しいですが、現在では考えられない光景と、普遍的な愛情とを感じています。

両親を高岡に送り届ける（昭和二十年五月二十七〜三十一日）

――そうしてご再会された後は、どうされたのですか。

桜井　そう、今度はこれからどうするかだけれど、今と違って、みんな自分だけのことをしているからね、ボランティアもいない。誰ひとり助けてくれるわけではないし、政府も何もできない。それで結局、両親は母親の実家の富山の田舎、高岡へ行くしかない。ただそのためには、汽車の切符をどこで手に入れるか、そして一体、それまでどこで寝るか。もちろん防空壕の中で寝るしかないわけだよね。

大空襲の二日後に私は、「もうこうなったら学校もないよ。俺が富山に送って行くよ」と言った。地下鉄と電車は、こういうところが日本の律儀なところだけれど、ちゃんと動いているんだよ。だから、二日後に上野まで行って、一晩を上野で明かし、やっと富山に行く汽車に乗った。

ところが超満員も超満員で、座るどころの騒ぎではない。混むとか混まないとかいった話ではない。しかも今は北陸新幹線で三時間くらいで行けるけれど、当時は二十何時間かかかる。その上、ちょっと北へ行くと熊谷、またちょっと北へ行くと高崎、そこはまだ空襲の最中だから、汽車が止まってしまうでしょう。ちょっと動いては止まり、ちょっと動いては止まる。

――変なご質問ですが、お手洗いはどうしていたのですか。

桜井　トイレへは誰も行けないから、汚い話だけれど、みんなその場でしている。だから、匂いがものすごいんだよね。

――それは全く知りませんでした。生き残っても、また大変な生活が待っているという……。

桜井 もちろん食うものは何にもないし、飲むものも何にもないし、座るところもない。立ったままの状態で、その時は四十時間位かかった。よく持ちこたえたよね。母親は、先に座っていた人が見かねて、自分の膝のところで半分もたれられるようにしてくれた。座っている人は、上野駅で三日間待って、やっと座ったんだね。

――そんな状態でもお母様に席を譲る方がおられたのですね。

桜井 そうだね。そうしてやっと高岡へ両親を届けて、私はまた四十時間位かかって、一人で東京に戻った。それが五月の終わりのことだ。

援農（昭和二十年六月初め）

――一高の寮に戻られたのですか。

桜井 一高ではもう授業とかそんなものではなくて、週の一度だけ少し授業があるだけで、あとは全部、勤労動員だった。終戦の年の六月初めには援農に行った。援農というのは、つまり男がみんな招集されて農村にいなくなったから、そこに男を送り込んで手伝いをさせるというんだね。

私は埼玉県の春日部というところからさらに二里くらい離れた村へ、五、六人と共に行き、一軒の農家を手伝った。そこは一番の働き手が招集されて、おじいさんとおばあさんと、奥さんと小さい子供だけがいた。

――桜井さんも農作業のお手伝いをされたのですね。

桜井　恥ずかしいことに私は、一体どうやって米を作るのかなんて全然知らなかった。ところが農家の方は、手伝いに来てくれるからには全部分かっていると思っている。それが私が何にも知らないものだから、呆れ返ってね。

最初にしたのは麦刈りだったかな。鎌を渡されて「これで刈るんですよ」と言われ、いざやってみたら、自分の腕を切ってしまった。大変だということで赤チンか何かを塗ってくれたけれど、その時に農家のおじいさんが「やれやれ、これは全然役に立たない」という顔をしたのを覚えているね。

――農業は、桜井さんがこれまで全く触れられたことのないものですよね。

桜井　そうなんだよ。仕事が終わってからは、風呂といっても風呂がなくて、裏に大きな風呂桶みたいなものが置いてあって、それを使っていた。ところが泥水みたいな感じで、とてもそこに入れる感じがしなかった。でも「嫌だ」と言うわけにはいかなくてね。

それから、それが普通だったのだろうか、その家には畳が引いていないんだよ。板敷きの上に、むしろがあるだけでね。そこにあるだけの布団を敷いて、おじいさん、おばあさん、お嫁さんと、子供が四人いたかな、その全員が寝るんだけど、もう子供なんかは互い違いくらいに寝ていてね。「失礼だけど、ここに寝て下さい」と言うんだよ。私は初めて、むしろの上で寝た。自分の顔の前に男の子の泥だらけの足があってね。それから、おじいさんのいびきが物凄くて、一睡もできなかったよ。それでもしょうがない、これは何とか寝なきゃいけないと思っていたら、朝はみんな四時半か五時くらいに、外でことりと音がしただけで、もう起き出しているんだよね。

そういう日が一週間続いたら、私は完全にダウンしちゃってね。そう贅沢に育ったわけじゃないけれど、食事があんまりにもひどいものでね、当時の農家はそうだったんだろうけれど、ほとんど何にも食べられない。そして、ほとんど一睡もできない、風呂にも入れないという状態で、さすがにもう参ってしまって、熱が出てきた。それで、農作業を一時休ませてくれとお願いしたんだけど、休むところもないわけなんだよね。

――それで、どうされたのですか。

桜井　そこへちょうど一高の先生が、自分の生徒のところを見舞いに来てくれた。「桜井、どうしたんだ、やつれ果てているじゃないか」と言ってね。「いや、これこういう訳なんです」と言ったら、「そうか。あんた熱があるね。ちょっとこの家に話をして、いっぺん東京の一高に戻って、校医に診てもらったらどうだ」ということになった。そこで農家の人に「東京に戻る」と言ったら、そのおじいさんはいい人だったんだけど、「いやあ、あなた無理だよ。手助けになるどころか、我々の方が参っちゃうよ」と言っていた。東京に戻って校医に診てもらったら、結核ではないんだけれども、その前兆のようなものにかかっていて、熱があった。だから結局、援農は一週間くらいで落第になってしまった。

井の頭線で爆撃に遭う（昭和二十年六月）

――爆撃のある東京に戻られたのですね。

桜井　援農から帰ってきて、昭和二十年の六月二十何日かだったと思うけれど、次の勤労動員まで一高の寮の部屋で休んでいろということになった。当時の旧制一高は、井の頭線の渋谷から二つ目の駅にあった。「一高前」という駅があってね。今はなくなった。渋谷から井の頭線に乗ると、ずっと地下鉄に入って、「神泉《しんせん》」というところで地上に出るんだね。

それから少し行くと「一高前」の駅だった。学生は渋谷からほとんど歩きだったけれど、その時の私は体が弱っていたから、電車に乗っていた。そして神泉のトンネルを出てそろそろ「一高前」の駅かなという時に、バリバリバリという音がした。

何だろうと思ったら、グラマンというアメリカの戦闘機が二、三、上空を回っているのが見えた。彼らはいわば、ほとんどスポーツをやっているような感じで、傍若無人にね、機銃掃射でバーっとやって来るんだね。そして電車に向かって急降下してきた。

これはまずいと思った。車内は半分くらい客がいて、私は座っていたけれど、グラマンが窓のところにバーっとやって来るから、これはやられると思って、椅子と椅子の間の床に、体を投げた。

他の乗客もそうしていた。そうして、私の背中の上にもまた一人、バタッと乗ってきた。女性だなということが分かった。いまだにはっきりと覚えているけれどもね、私が寝ているところから彼女を見たら、おそらく若い女性だったのか、紫に矢絣のもんぺを着ていた。

私は、女性だから感触も柔らかいなあと思っているうちに、グラマンがまたバーっと窓から撃ってきた。

そうしたら、背中に乗った女性がバーンと、魚みたいにはねた。つまりその時、彼女の体を弾が貫通したんだね。それは、私には当たらなかった。

私はいまだに何年かにいっぺんかくらい、その感触を思い出すんだよ。それまでは、若い女性が背中に乗っているという気分があって、男と違って柔らかいなと思っていたのがね、バーンとはねた後は、まるで石の地蔵さんみたいに重くなったの。考えてみて下さい、彼女が寝ているところを弾が貫通していたわけでしょう。逆だったら、私が貫通されていたわけだよ。それほど、紙一重だったということだ。

やっとアメリカの飛行機も、スポーツを終えた。私は背中の彼女を振り払って、起き上がった。彼女は即死だったんだね。その時の車内には、彼女だけではなくて、確か三人か四人やられていた。助かった我々が、彼らを電車から運び出した。

――このお話もまた、あまりにも壮絶な光景なのと、生死の境の紙一重なのとを感じて、なかなか言葉が出てきません……。桜井さんがこうして生きておられることが、本当に大きな奇跡なのだということを感じています。

立川飛行場で戦闘機に追い回される（昭和二十年八月）

――寮で休まれた後は、また勤労動員に駆り出されたのですか。

桜井　その次の動員は、立川飛行場だった。当時は、日本の飛行機という飛行機がやられちゃってね。私達は、飛行場が爆撃されて滑走路がめちゃくちゃになっていたのを直す作業をしていた。

忘れられないのは、その作業中に二回、アメリカの飛行機に追いかけ回されたことだ。アメリカの戦闘機は、もう日本の飛行機が飛ばなくなっているから、遊び半分みたいに東京に飛んで来て、急降下して、機銃掃射をするんだよ。

その立川の飛行場というのは、とにかく遮るものが何にもないわけだね。グラマンに乗ったアメリカ兵は、まるで昔の西部劇で白人が面白がって先住民を撃っているのと同じ感覚だからね、何の罪悪感もなしにやっていた。もうとにかく、来る日も来る日もグラマンが来て、働いている我々に狙いを定めた。

遮るもののない飛行場では、うずくまっているしかない。顔をあげると、グラマンがガーッと地上近くを巡らせて来る。私を見つけて、バーっと大変な勢いでやって来た。機銃掃射の土煙がバーっと走る。これでは死んでしまうと思って、寝たまま横に転がって、逃げるわけだ。そうするとまたグーッと回って来てね。何回かそうしていた。

ものすごく下まで降りて近づいて来るから、私には、飛行士のあの、サングラスのような飛行メガネがほとんど見えた。彼らにとってみれば全く、インディアンをなぶり殺しにしたあの西部劇の感覚と同じだね。

――そんな、映画と同じような恐ろしい光景が現実だったとは……。

桜井　『禁じられた遊び』という映画を観たことがあるかな。その冒頭、機動掃射が、橋のところで逃げ回る一般市民達にバーっと発射する場面があり、ポーレットという女の子の目の前でお母さんが殺されるね。あれと全く同じ光景なんだよ。


浦和に行き、兄に再会する（昭和二十年八月十一日～十四日）

――終戦まで、立川飛行場で勤労動員を務めていらしたのですか。
桜井　家が焼けたのが五月二十五日で、五月末に私は高岡へ両親を届け、また四十時間位かかって東京に戻り、六月になると埼玉県の援農に行って栄養失調・結核のようになってまた寮に戻り、それから立川に移動になって、アメリカ戦闘機の機銃掃射に追われながら、生き延びていたわけだね。

立川でも、もう食べるものもないし、何か働くといってもただただ機銃掃射に追いかけ回される状態だった。広島と長崎に新型爆弾が落ちて無残な状態で、もう灯火管制とかそんな次元ではない。

その時はっきりと、もう完全にこれで戦争は負けたし、もはや日本が残るかどうかも分からない、という感じになった。それで八月の十一日か十二日か、はっきり覚えていないけれど、周りの連中と話をしたんだよ。「こんな状態で立川にいてもしょうがないから、ここから出て、何とか生き残る道を考えようや」とね。そして、立川の宿舎を抜け出した。何人かで、着の身着のままでね。

何とか当時の国鉄の立川駅まで行ったら、ちゃんと列車は走っているんだよ。

――三月の空襲のときも五月の空襲のときも、列車は動いていた、というお話でした。

桜井 そう。いまだに私は、これが日本という国の律儀さと言うか、面白いところだと思う。その列車で、とにかく埼玉県の浦和にある叔母の家まで行ってみようと思った。たぶん浦和は空襲でやられていないから、残っているだろうと思ってね。そうして浦和にたどり着いたら、やはり叔母の家は残っている。

――良かったですね。

桜井　この叔母は父の妹になるんだけれど、「広島と長崎の被害がひどいのと、ソビエトが日本に戦争を仕掛けてきているから、もうこの国はどうにもならないでしょう。修さんは両親が富山に行っているんだから、富山に行きなさい。それしかない」と言った。

そして、その私がやっと浦和に逃げ込んだ翌日、兄が海軍の軍服に身を包み、軍刀を持ってやって来たんだよ。兄はもうすでに大学に行っていたから、海軍の予備学生になって、将校になっていた。東大の工学部で水力発電を専門としていたけれど、当時の東大工学部の学生はみんな技術将校になり、学生であるよりも軍人になったんだね。

――どちらに派遣されていたのですか。

桜井　兄貴がどこにいるのかは、普通の民間人には全然分からなかった。軍の将校の所在は家族にも知らせないというのが、当時の在り方だったんだね。だから、兄貴が浦和に軍刀を持って現れるまで、私は一年くらい会っていなかったと思う。

兄は「おや、お互い生きていたなあ」と言ってね。私が「兄貴はどうしたんだ」と尋ねたら、「いや戦争に負けたんだ。もう軍の規律も何もなくなっているから」と言った。それで、兄と私の二人でとにかく富山に行こうということになったのが、八月十四日だった。

終戦の混乱の中、高岡へ（昭和二十年八月十五日）

――終戦の前日ですね。

桜井 そう。まず、兄は海軍の将校だから、「俺が切符を全部手配しよう」ということになった。そうして兄が切符を手に入れて、その切符は十五日のものだった。明日の夜にとにかく上野で乗ろうと言って、そして明けて十五日になったら、天皇のラジオ放送になったわけだね。

――どのようにしてお聞きになられたのですか。

桜井 これは、浦和の叔父と叔母と兄貴と私で聞いた。ただ当時の浦和では、ラジオが何を言っているかよく聞こえなかった。兄貴はさすがに海軍だったから、もうポツダム宣言受諾ということはよく知っていた。だから、それを言うだけだということが、分かっていた。

ただ私はその瞬間に、「今夜、上野から汽車に乗れるのかな」と思ったんだよ。兄が「とにかく行ってみよう」と言って、私は兄と二人で浦和から上野まで出た。

――終戦直後で、駅はどのようでしたか。

桜井　上野駅に着いたら、異常な状態だった。というのは、在日の朝鮮人が上野駅を占領している。そうして歌を歌いながら、もう日本人は皆殺しだと言っていたんだよ。そんな中でも、富山の方に行く夜行列車は出発することが分かって、そちらの方に行った。すると彼らが旗を振り回して、傍若無人に振る舞っている。彼らは、「列車は我々の方が先だ」と言う。

あの時初めて、兄貴が頼もしいと思った。それは、「やっ」と言いながら軍刀を出したんだね。兄貴は剣道三段だったから、やりたかったんだろうね。

――周囲は驚いたのではないでしょうか。

桜井　やはり気迫があったのか、朝鮮人達は静かになった。もう列車は超満員になっているから、みんな窓から入り込む。我が家も、窓から入ろうとした。すると中にいる朝鮮人がまた、「日本人は駄目だ」というようなことを言う。それに対して兄貴が「やるか」と言って、軍刀を出す。そして窓の中に刀を突っ込むと、さすがに周りも恐れた様子だ。それで、私も兄と一緒に、窓の中に入った。

とにかくそういう状態だったから、列車に乗っている二十何時間の間に、ちょっと油断をしたら、何が起こるか分からない。だから、兄貴が軍刀を抜いて、床に突き刺して持っている。私もそばにいた。そんな状態で、もちろん朝鮮人が全部ではなくて日本人もいるわけだけれど、日本人はもう何の力もなくなっていたからね。なんとなく、車内の日本人の中で軍刀を持っている兄貴だけが頼りだという雰囲気になった。

――なぜ彼らが大勢乗っていたのでしょうか。

桜井 それは分からない。ただ、事実それから数ヶ月、半年間くらいは、日本は完全に無法地帯だったんだね。

富山は八月二日に空襲を受けているんだよ。文字通り全部舐めるようにやられた。私の母の実家は高岡で、隣の富山はやられて、次は高岡だという状態で戦争が終わった。八月十七日にやっと、列車が富山を通った。

――その富山を列車からご覧になられたのですか。

桜井 そう。見渡す限り、何にもなかったのを覚えているね。

第五章　戦後の半年間

（昭和二十年九月〜二十一年三月）

敗戦直後の金沢に行く（昭和二十年九月始め頃）

――富山ではどのような様子だったのですか。

桜井 富山の田舎では、敗戦後の様子が全く分からなくてね。というのは、十五日に敗戦になり、富山に帰ると、ラジオはある。でもラジオが言っていることは、本当に支離滅裂だった。新聞は一応配達されるけれど、白い部分がある。めくるとまた白い。要するに、検閲だよね。生き残っている記事を読むんだけれど、これから先一体どうなるのかは全然分からなかった。

――世間から取り残された感じですね。

桜井 たしか八月の終わりか九月の始めに、こう思った。「こんな田舎にいたのでは、何がどうなっているか分からない。金沢は空襲を受けずに残っているようだ。とにかく金沢まで行けば、少しは情報が分かるんじゃないか」と。

――金沢に行かれたのですか。

桜井 金沢は、母の実家があった「石動《いするぎ》」という富山県と石川県の境にある田舎からは、駅にして三つか四つだった。時間にして、三十分か四十分程だ。ところが、切符がまず全然入らない。母や兄貴が奔走し、駅長に頼んでくれて、貨物列車に私だけ乗せてもらうことを交渉してくれた。私は一高の学生服で、初めて貨車に乗ったんだよ。

――貨物列車ですか！　映画ではそういう場面を見たことがありますが、実際にご経験されたのですね……。それにしても、そんなに席がなかったということは、戦後しばらくはそれだけ多くの人々が移動していたのですね。

桜井　車輌もかなりやられていたし、列車の本数も少なかった。だけど移動の大変さ以上に、金沢に着いたら仰天したんだよ。つまり、金沢は大都会だけど、全く無傷でね。日本で無傷だったのは、京都と金沢だけだった。

――東京の悲惨さを思うと、信じられません。

桜井　白昼夢を見ている思いがしたものだ。着流しの和服の女性が、駅の中を何人も歩いていていたわけだからね。もちろんひどい格好をしている人もいたけれど、その中を、何事もなかったかのように着流しの女性が歩いている。金沢というのは、もちろん百万石の城下町で、物持ちもいっぱいいるから、昔の和服を持っていたんだね。さすがに戦争中はみんな、そんなものは着られず、モンペ姿だった。ところが、戦争が終わってまだ二週間くらいだったと思うけれど、もう着流しになったんだね。

――これまで抱いてきた戦後のイメージとは全く異なります。ごく自然に、戦前の価値観、戦前の生活に戻っていたのですね。

桜井「あれ、内乱は起きずに済むのかなあ」と思った。当時、金沢には進駐軍がいたけれど、トラブルもなかったしね。

――生活にゆとりがあったからでしょうか。金沢に着いたら、どこに行かれたのですか。

桜井 金沢には、駅から歩いて二十分くらいの所に香林坊という場所があって、そこに行った。ここは東京でいうと、本郷と丸の内と銀座が一緒になったようなところで、全てのものがある。そこへ私は戦前に何回か行ったことがあってね。とにかくこの香林坊に行ってみようと思ったわけだ。それで街の中を歩いたら、戦争前の街並みと家が全部残っていて、そこへ着流しの女性が歩いているわけだから、まるで信じがたい光景なんだよね。

――貨物列車に乗って金沢まで来られたという過酷なご経験までもが、嘘のようですね。

桜井 香林坊へ出ると、これも戦前と同じ風景だったからね。けれども、もちろん食品や統制物資があるわけではない。ただ、レコード屋があった。東京の銀座でも、戦前は道の両側にレコード屋がいっぱいあって、今流行の歌を拡声器で道へ流していたんだよね。

新橋から銀座まで歩いていく間に、まるで耳にタコができるほど聞いたものだ。例えば、藤山一郎の「酒は涙か溜息か」とか、ディック・ミネの「林檎の樹の下で」とか。子供ながら、嫌でも覚えてしまうほどだった。

――お散歩しているだけで、流行歌を覚えられたのですね。

桜井　面白いでしょう。それが、昭和十八年くらいから戦局が悪化して、東京では一切途絶えてしまった。ところが香林坊に近づいたら、なんと藤山一郎の「東京ラプソディ」が流れていた。これは東京を賛美した歌で、「楽し都　恋の都　夢のパラダイスよ　花の東京」という歌詞でね。それまでに私は耳にタコができるくらい聴いていた。香林坊に近づいたら、この歌が街中に流れていたんだよ。

――戦前の「小春日和」の豊かな文化があったのですね。

桜井　「へえ」と思ったよね。そうしたら、なんと映画館も開いていて、アメリカ映画がかかっている。たしか『ユーコンの叫び』（昭和二十年、日本初公開）というタイトルだった。後で聞いたら、その映画は戦争前に輸入されて、戦争中にはお蔵入りになっていた。それが戦後二週間ほどの今は、もうかけている。

――早いですね！

桜井　その上、香林坊には、神田の神保町のように何十軒と大きな本屋が並んでいて、これも開いていた。

――歌に映画に本にと、人々が戦争中に焦がれていたものが、今や一気に目の前にあったのですね。

桜井　本当に真昼の夢を見ているようだったね。

一高を訪れる（昭和二十年九月）

桜井　そういうわけで、内乱もなく、金沢は全く昔に戻ったようだったから、じゃあ国も残るのかな、そうしたら学校も始まるのかなと思ったんだよ。

――戦前の秩序が順調に回復されて、学校も始まりそうな気配ですね。

桜井　ただ私は、最後に立川飛行場の動員から脱走しているから、学校が残っていたとしても、除名されているかもしれない。第一、学校が残っているという実感もなかった。兄貴も、東大の工学部が残っているのかどうか分からなかった。それで、何が何だか分からないから、とにかく東京に行って様子を見ようということになった。

――東京から富山にいらっしゃるのに大変な思いをされたばかりの中で……。

桜井　そう、またやっと切符を手に入れて、二十何時間かかって東京に行ったんだよ。九月上旬だったと思う。東京は、無残な状態のままだったね。

――やはり金沢とは違いますね。被害の大きさが伺えます。

桜井　だけど、学校は残っていたんだよね。そして一高に行ったら、脱走をしても、ちゃんと籍は残っていた。

――良かった！

桜井　ただ一高は、八月の終わりにこういう内容の布告を出していたんだよ。「戦争が終わった。ついては、理科の学生の中で、戦争によって不本意ながら理科へ入った者は申し出ろ」。つまり文科に転科することもできるということだったわけだ。びっくりして、すぐに教授に会いに行った。

――桜井さんもそれに該当されたのですね。

桜井　そう。昔は、中学は五年で終えて上級に行くのだけど、優秀者は四年間で終了し、受験することができた。私は小樽にいる時に病気で一年遅れていたから、まだ麻布中学の四年の時に一高の文科を受けた。そうしたら、合格したんだね。

喜んでいたら、教授に呼ばれてね。この先生が、『ビルマの竪琴』を書いた竹山道雄先生だった。竹山先生は、私が援農で病気になったあの時にも助けてくれた人だ。当時、文科の学生は徴兵猶予がなくなっていたから、「あなたは病気で一年遅れたとはいえ、一応四年生だから、来年がある。今年文科に入っても、来年にはすぐに徴兵になる歳だから、来年まで中学に残ったほうがいい」と言ってくれたんだよ。

――生徒の命を親身にお考えの方だったのですね。援農のお話といい、『ビルマの竪琴』の内容といい、お人柄が感じられます。

桜井　結局私はその時、一次試験だけ合格というかたちにして、麻布中学の五年生で学んでいた。そして戦後に教授に会いに行った時には、私の場合はその記録があるものだから、全く何の手続きもなしに文科への転科を認められたんだよ。私はそれでやっと、理科の一年生から文科の一年生に復帰できた。兄の方も、東大工学部が再開していた。

――壊滅的な被害を受けた東京でも、教育の面では早々に動き出していたのですね。

桜井　ただし空襲で校舎もやられているし、寮もやられている。第一、一高は全寮制で、食糧がなかったら、授業は再開できないわけだよ。年内に再開できるかどうかというところだった。

――環境としては、まだ復興途上だったのですね。

桜井　それで私は、とにかく命はとりとめたし、しかも本来の文科で学び直せるということで、せっかくだから一年生からやり直したいと言ったんだよ。つまり、翌年の四月からということだね。

――それで、どうされたのですか。

桜井　九月に東京に舞い戻り、理科から文科に転科をした後は、完全に半年間の時間ができたわけだね。これからどうなるか分からないけれど、学校は残っているし、日本という国も何とか残るらしい。そういうことだから、富山に戻った。母の実家がある石動に、昭和二十年の九月から二十一年の四月まで暮らしたんだよ。

――再び、豊かな食と文化のあるところに戻られたのですね。

桜井　その通り。東京から富山に行ってこれだけ違うのかと思ったのは、富山の田舎では、蔵の中に米が残っていたことだね。隠匿物質で徴収されていたはずだけど、あったんだよね。食べるものには全く困らなかった。

――どこに隠していたのでしょうか！　お米を食べられるというのは、東京では考えられないことだったのですよね。

桜井　そう。これは後のことだけど、寮が再開すると、寮の食事は人間の食うものではなかったね。それを我々は、当時流行していたジャン＝ポール・サルトルの代表作にちなんで、「サルトル三部作」と呼んでいたんだよ。『水いらず』、『嘔吐』、それから『壁』。つまり、「すいとん」は粉の塊だけで水分がないから、「水入らず」。そして固いから、「壁」。それから、「おじや」は食べられるものではないから、「嘔吐」。こんな風だった。

――あら、笑い事ではないですが、おかしいですね！　悲惨な状況の中でも、ユーモアを持って生活されていたのですね。

英語の先生になる（昭和二十年九月終わり頃～）

――石動ではどのように過ごしておられたのですか。

桜井　突然できた半年の休みの間に、色々なことがあった。まず、この頃は進駐軍がいつここに来るんだろうと、街中が怯えていた。進駐軍が来たら女性はみんな家の中に入れ、というようなことが言われていたんだよ。

――進駐軍が完全に悪のイメージだったのですね。

桜井　でも九月の終わり頃に進駐軍が来ると、そのイメージが一変した。私は生まれて初めてジープというものを見て、アメリカ軍の制服姿を見た。まずびっくりしたのは、ジープという車の性能もさることながら、乗っているアメリカ兵の体格の良さだ。それから、誰も彼も、仕立ておろしみたいな軍服の似合うこと。全部ぴしっとアイロンでプレスしてあったんだよね。

――格好良く見えたのですね。

桜井　それが、ジープの中からチョコレートやチューインガムを投げる。子供達が、きゃあきゃあ言いながらもらっていたね。拾えなかった子供がいると、彼らはその子を呼んで、手で渡していたんだよ。家の中にいろと言われた女の人達も見に来ていたね。

――彼らの存在によって、石動も変わったのでしょうか。

桜井　石動は小さいけれど、花街があったんだよ。もちろん売春法ができる前で、戦争中も花街は流行っていたそうだ。ある日この花街の人が私のところに来て、「あなたは一高の学生ということで、お願いがあります。進駐軍が客で来ますから、花街の女性達に英語を教えてやってほしい」と言ったんだね。

――まだ少年のお年頃の桜井さんが、花街の女性に教えるのですか！　一高の学生の学力の高さは、日本中で知られていたのですね。

桜井　ただ私が困ったのは、一応中学で英語を学んだことになっているけれど、中学三年から四年くらいの頃は、英語は戦争の敵国の言葉だからといって、授業がほとんどなくなっちゃったんだよね。いわんや英会話というのは、全くやったことがないでしょう。「会話を教えるなんて、とても無理です」と答えると、「そんなこと言わないで。とにかく一高生なんだから」とお願いされてね。

――実際にお教えになられたのですか。

桜井 しょうがないから、学校のようなところにその女性達を集めてね。二、三十人いたかな。どう教えるかというのが困ったけれど、黒板を借りて、最初に「I, My, Me」といったことを教えて、「Good Morning」とか「Good Night」といったことを書いてね。三、四回授業をしたんだよ。

――突然、先生になったのですね！

桜井 だけど皆、ぽかんと聞いているだけだったね。生まれて初めて英語を聞くわけだから。それで「何か質問はありませんか」と言うと、「こういう時はどう言うのけ？」と聞くんだよ。「こういう時」というのは、つまりセックスの話になるわけだ。当時の私は、もちろんそんな言葉を知るわけがなくて、どう言いくるめたのか覚えていないけれど、とにかく冷や汗をかいた。

――ははは、うぶな少年を笑ってはいけないですが！　女性達にしたら、実際に使うわけですから、真剣だったのですね。草の根で、日本人と進駐軍が密に関わっていたのだなあと思います。

田舎の芝居小屋（昭和二十年九月～昭和二十一年三月）

――金沢のように、石動にも文化の復興がみられましたか。

桜井　石動の街に一軒だけ、小さな芝居小屋があったんだよ。いつもは旅回りの芝居を公演するくらいのところで、全席かぶりつきのようだった。ところがその戦後の半年間に、歌舞伎の有名な役者や、新劇の役者が来たんだよ。

――田舎町にですか。

桜井　おやおや、馬鹿にしてはいけないよ。彼らにとっては、東京や大阪の劇場という劇場が焼けてしまい、全然上演ができないわけだ。ところが田舎には、とにかく上演できる場所がある。それから、空前の食糧難だけれど、富山の田舎まで来れば、食べるものは何とかなる。

――むしろ桃源郷だったのかもしれないですね。

桜井　だから、かなり名の通った役者達が、次から次へとやって来たんだよね。シェイクスピアもあれば、近松もあった。彼らには、戦争中禁じられていたことが全部できるという解放感もあったでしょう。そんな田舎の芝居小屋でも、本当に一生懸命に演じていたね。それに、あんなど田舎の人達が、どこで拍手するか、どこで声をかけるかが分かっていて、昔の人は教養があるなあと思ったものだよ。

――お芝居を身体全体で知っているかのようですね。今私達の多くが、歌舞伎や古典劇を「ハイ・カルチャー」という感じで、高いお金を出して、どこか構えて観るのとは全く違いますね。

桜井　芝居だけじゃなくて、ディック・ミネも来た。彼は戦争中に「三根耕一」という名前に変えていたけれど、もうディック・ミネに戻していたね。昔の歌を気持ちよさそうに歌い、アンコールに何度も応えてくれて、歌える喜びのようなものがあった。ディック・ミネが歌っているのを聴いて、案外平和な世の中になるのかなあという予感がした。これも忘れられない思い出だね。

――純粋に歌い、聴く喜びが感じられます。本当に、平和になってきたのですね。

古本屋に通う（昭和二十年九月～昭和二十一年三月）

――石動でお困りのこともありましたか。

桜井　この半年の間に一番困ったのは、書籍だった。つまり、東京の家の本は全部焼けてしまった。新聞は相変わらず検閲で、読むに耐えないものだ。ラジオも何を言っているのか、支離滅裂だ。石動には本屋はなかったからね。

――活字と情報に飢えていらしたのですね。

桜井　それに私は理科から文科に転科するわけだから、文科らしい本を読まなければいけない。西田幾多郎の『善の研究』、倉田百三『出家とその弟子』、阿部次郎『三太郎の日記』、和辻哲郎『古寺巡礼』、出隆『哲学以前』。これらは一高の寮にいた時に、文科の連中が読んでいたものだ。私もちょっと読みかけたけれど、勤労動員でとても読めなくなったんだよ。

――みんな難しい本を読んでいたのですね！

桜井　そこで、今とにかくそういう本を読まなければいけないと思った。金沢の香林坊まで行けば、神田の神保町のようだから、本屋が沢山あった。だから、とにかく金沢まで行ってね。そうしたら、なんと物々交換だったんだよ。当時は貨幣価値がどんどん落ちていて、何でも物々交換だったからね。とにかく、何か本を持ってきたら、その本に見合う本を持っていってもいいということだった。

――物々交換ですか！

桜井 驚いたでしょう。昭和二十一年の春から夏というのは、超天文学的なインフレーションが起こった。貨幣価値が毎日下がり、どこに行っても物々交換だったんだよ。例えば理髪店で、普通の理髪料を払われても、彼らは困るんだよね。それで、伯父の家にあった酒粕を持っていくと、「それでいいよ」ということになる。そんな時代だった。だから、古本まで物々交換になっていたということだね。

――交換するためのご本は、どうされたのですか。

桜井 ところが、我が家には全く本がない。そこで、母の兄に当たる私の伯父に頼ったんだ。彼は読書家ではなかったけれど、『婦系図』の作者である泉鏡花が金沢の人だから、十何冊の『泉鏡花全集』を持っていて、ホコリを被っていた。「おじさん、これをもらっていいか」と聞いたら、「ああ、いいよいいよ」と言ってくれた。

――故郷にちなんだ、立派な全集があったのですね。全集は重かったですか。

桜井 重かったね。緑色の唐草の風呂敷に包んで、生まれて初めてそれを背中に背負って、金沢の香林坊の古本屋まで行った。それで『泉鏡花全集』を並べて、これと交換で本が欲しいと言ったところ、いまだに商売の意味がよく分からないのだけれど、単行本は単行本と交換、全集は全集と交換するというんだね。「へー」と思って棚を見てみると、前から読みたいと思っていた横光利一の全集があった。「これならちょうどいいよ」と店主も言って、今度は『横光利一全集』を唐草模様の風呂敷に包んで背負って、石動まで汽車に乗ったんだよ。

――全集と全集の交換ですか。一人の作家に浸る生活ですね。

桜井　今度は目に触れる活字といったら横光利一しかないわけだから、明けても暮れても横光利一を読んでね。ただ、一人の作家の全集をずっと読むと、その作家の人生に付き合ったかのような感慨があり、共感した部分も、しない部分もあった。読み終えると、またそれを担いで金沢まで行った。

――また交換ですね！　今度は誰の全集でしょうか。

桜井　その辺りからは記憶がはっきりしないのだけれど、『川端康成全集』にしたような気もするし、『山本有三全集』にしたような気もする。とにかく一回か二回行った後に、西田幾多郎という、金沢出身の哲学者の全集と交換した。西田幾多郎は、一高の寮ではバイブルのように読まれていて、私は半年後に文科に行くわけだから、何とかこれは読まなきゃいかんと思ったんだよ。

――それはまた大変そうですね。

桜井 最初の一冊の半分くらいで音を上げてしまった。恥ずかしいけれど、私にはさっぱり分からなかったんだよ。私は、頭の中に映像が出てこないと駄目なんだね。結局、『西田幾多郎全集』は、十冊くらいのうちの一冊の半分くらい読んで返した。古本屋の店主も私の顔を覚えてくれていたから、「あんたもう返すの」と言っていたね。

――顔見知りですね。

桜井 その頃からやっと信用が付いたのか、「好きな単行本を少し、五、六冊持って行け」ということになったんだよ。

第六章

戦後の一高、そして映画

（昭和二十一年四月〜二十四年三月）

友人から聞いた話──野坂参三と日比谷の大群衆（昭和二十一年一月）

── そうして四月から東京に戻られたわけですが、富山とは違う、戦後のもっと緊迫した雰囲気がありましたか。

桜井 前に話したように、戦争が終わった瞬間に私は、数年間はゲリラ戦争が起きるだろうと思っていた。後のベトナム戦争のようにね。事実、昭和二十年の暮れ頃あるいは二十一年に入った頃に、預金封鎖があったからね。一体これから日本がどうなるのか、天皇制が残るのか、日本が全部共産党になるのか、何にも分からない。日本は何の発言権もない。自分達で這いずり回るような状況だったわけだ。そういう大混乱の中で、なぜ日本で内乱が起きないのか、不思議でしょうがなかったんだよ。

── その中で石動では、ディック・ミネの歌を人々が享受し、平和の感覚が取り戻されつつあったということですが、東京では違ったのでしょうか。

桜井 友人から聞いた話を紹介しよう。亡命していた共産党の野坂参三が、昭和二十一年の一月に日本に帰ってきた時のことだ。彼は、日比谷公会堂の「歓迎国民大会」に参加した。その時、一高から四人くらい一緒に、日比谷に行ったそうだ。何としても野坂というのはどういう奴か見たい、どういうことを話すのか聞きたい。けれど、日比谷公園の入り口辺りで、もはやそれ以上一歩も入れないほどの凄まじい大群衆だったそうだ。それくらい東京では、政治的な緊迫した状態があったんだね。

――共産主義が日本を、少なくとも東京を、席巻していたのですね。

桜井　当時私達は、天皇制を廃止して、野坂が大統領になると思っていた。事実、昭和二十一年一月というと、そういう雰囲気で、新聞もそう書いていた。周りもみんなそう言っていたんだよ。「共産党にあらずんば人間にあらず」という時代だからね。あの頃の東京の雰囲気というのは、今の方には想像もつかないだろう。間もなく昭和天皇が処刑されて、野坂が大統領になるという雰囲気があったのだから。それ以外は本当に考えられないような雰囲気だった。

――本当に想像がつきません。

桜井　その後、朝鮮戦争が近づき、赤狩り旋風が吹いて、ＧＨＱから共産党が消え、それで全てが変わったんだよ。あの時に天皇の処刑がなくて、野坂参三が大統領にならなかったことは、日本人の努力というよりも国際情勢で、全くの偶然で、やっと日本に神風が吹いたのかも知れない。

――「共産党にあらずんば人間にあらず」という雰囲気から、正反対の「赤狩り」旋風へ。歴史が動いただけでなく、人々の思想がそんなにも変わったことに、驚きます。

志賀義雄と芦田総理が並ぶ（昭和二十二年）

――共産党に関する思い出は、桜井さんご自身もおありですか。

桜井 旧制一高の晩餐会のことを話そう。一高の晩餐会にはいつも先輩を招待するのだけれど、昭和二十二年の時には、時の総理大臣は芦田均で、彼もまさに旧制一高から東大を出ている。それで晩餐会の主賓が芦田均、ナンバー二が志賀義雄。志賀義雄は牢獄から出所したばかりだった。志賀も旧制一高出身で、一高から東大を出ている。もう一人、敗戦当時の官房長官をしていた迫水久常も一高出身だった。この三人が壇上に立ち、私達は、芦田総理と志賀義雄が並んでいるのを見た。つまり、数年前には信じがたい光景なわけだよ。それで芦田均が喋りだしたら、志賀義雄が野次る。今度は志賀義雄が喋りだしたら、芦田均が野次る。それは共産党とかそういうことではなくて、一高の先輩同士のじゃれ合いみたいなところがあった。あの光景は忘れられないね。

――いわゆるリベラルな芦田均と、共産主義の志賀義雄が並んでじゃれ合うように話したとは、時代が変わりつつあったのですね。

『安城家の舞踏会』とニヒリズム（昭和二十二年）

桜井　全く新しい思想も出てきていたね。日本映画の『安城家の舞踏会』（昭和二十二年）を観たことがあるかな。

――はい。原節子の美しい顔のクローズアップから映画が始まったのを、覚えています。没落華族を舞台に、民主主義的な思想を描いた映画ですね。

桜井　その中で、森雅之が原節子の兄を演じていたでしょう。これに私は完全に目を奪われた。彼は「ニヒリズム」的な思想を持った人物を演じていて、その感覚は、戦時は全く想像もできない状態にあったわけだからね。『安城家の舞踏会』の森雅之、それを格好良く変形したのが『カサブランカ』（昭和二十一年、日本公開）のハンフリー・ボガート。ああいう斜に構えたニヒリスティックな男の姿というのは、これまで在り得なかったわけだ。

――冒頭からタバコをぷかぷか吹かして、寝転びながら状況を見ている、あのお兄さんですね。たしかに『カサブランカ』のボガートと重なります。何か行動するわけではなく、厭世的にも見えるけれど、実は人情があって、状況を受け入れつつしっかりと決断する、といった印象です。

桜井　その格好良さを感じた時に、これから日本がどうなるか分からないけれども、とにかく一つの生きる姿勢として学ぼうと思ったことは確かだね。

復員兵らと『カサブランカ』を観る（昭和二十一年）

――『カサブランカ』は、桜井さんの大好きな映画だということですが、戦後にご覧になられたときの映画館の様子などもお聞かせいただけますか。

桜井　日本はとにかく完全に敗戦したわけでしょう。街は全部ボロボロになっていて、ものは何もない。食い物もない。『カサブランカ』を観たのは、こうした、これから一体どうなるのか、その中で自分は何になるのか、全く見当がつかなかった頃だった。途方に暮れていたんだよ。その中で、何か求めているものが映画の中にあるという感情が、私の中に起こっていた。

――映画がそのような存在感を持っていたのですね。戦後はまたたくさん映画をご覧になられたのですか。

桜井　そう、中でも、どっと入ってきたアメリカ映画に目を奪われた。とにもかくにも、食うものがなくて空きっ腹を抱えながら、焼け跡の映画館に行き、超満員の観衆の中で映画を観たんだよ。特に『カサブランカ』の時はよく覚えている。新橋の「全線座」という映画館だったと思う。椅子が全部焼けているものだから、みんなコンクリートの上に立って観ていた。私は一番後ろに立ったままだった。復員服みたいな者やホームレスみたいな者もいる。女はまだもんぺを履いた者や、パンパンもいる。そういう状況の中で、あの時の私の心境は、「やっと生き残った連中が、ここでみんなで肩を寄せ合って映画を観ているなあ」というものだった。何というか、仲間意識というのかなあ。「生き残った日本人同士だなあ」という思いがものすごくあったね。

――とても心動かされるお話です。

桜井　それにイングリッド・バーグマンの美しさは、目の眩むようなショックだった。久しく美しいものに飢えていたんだろうね。生き残って良かったという思いが込み上げた。周りの観客の多くは同じ思いだったのか、彼女のクロースアップの度に、溜息のようなどよめきがあったのを覚えているよ。

『野良犬』の復員兵と「生きる目的」（昭和二十四年）

――日本映画の思い出もありますか。

桜井　昭和二十四年に、黒澤明の『野良犬』を観たことだね。私は黒澤明の映画は全て観ているけれど、一番好きなのは間違いなく『野良犬』。あれが一番、黒澤のいいところが出ていると思う。あまり教祖的でもなく、三船敏郎のいいところも引き出している。その翌年に黒澤は『羅生門』で世界的に有名になるけれど、『野良犬』の頃はそれほどじゃなかった。だけど映画の出来は、黒澤の中では『野良犬』が最高ではないかと思っているんだよ。

――『野良犬』は印象に残っています。『安城家の舞踏会』とは全く違うものの、やはり戦争直後の人々の思想的な揺れ動きを、庶民の姿から描いているように思いました。

桜井　何よりも『野良犬』という映画がものすごく貴重だと思うのは、東京の闇市を隠し撮りしているところだ。あの頃は無政府状態で、闇市は無法地帯で危険だから、市民も行けないし、映画のロケなんてやろうものなら、みんなぶち殺されてしまうような状態だった。三船と同じ背丈の助監督が復員服を着て歩き、隠し撮りしたそうだね。今の上野公園、アメ横、新橋の駅前、新宿。全く無政府状態だった、そんな敗戦直後の東京が実写で映されている。そのくせあの映画には、プロ野球の巨人戦の後楽園も出てくるね。その時代の日本、東京をあれほど見事に映画にした。映画でなければできないわけだよ。

——三船敏郎演じる男が、東京中をウロウロしている姿、彼の出会う人々が貧しくもギラギラした欲をみなぎらせているような姿を、よく覚えています。

桜井　復員兵の物語だよね。三船敏郎と木村功が二人とも復員兵で、復員した時にあらゆる物資を全部リュックに背負って、それだけが全財産というかたちで日本に帰ってきたという設定になっている。そのリュックを、二人とも盗まれる。それで木村功は自暴自棄になって、後はもうどんどん堕ちていく。三船も堕ちたにも関わらず、刑事になって何とか踏みとどまっている内に、自分のピストルが盗まれて、今度は盗んだ奴を見つけようとする。

——あと一歩のところで、一人は犯罪者になり、一人は刑事になった。二人は同じ背景を持つ、表裏のような存在ですね。

桜井　三船の演じる刑事は、正義感とかそういうことよりも、人生の目的を、ピストルを盗んだ奴を見つけるという、その一点に絞ったわけだね。それと同じように、私にも、人生の目的を何かに絞りたいと思う気持ちがあったんだよ。

――私はこの映画を、どこか映画史の観点から理解しようとしていました。でも当時、戦後の動乱の中で、何とか目的を見つけて生きていこうとしている主人公の心情は、真に迫ったものだったのですね。

桜井　他に黒澤の映画では、戦後の昭和二十一年の『わが青春に悔なし』という、例のゾルゲ事件を扱った反戦ものがある。それから、昭和二十三年の『酔いどれ天使』は、かなり北欧的な表現主義の臭みがあったけれど、あの時の日本、東京、見渡す限りの焼け野原に群がる何もかも失った日本人の群れ、こういったものを見事に映し出したと思う。

――とても印象に残っています。『酔いどれ天使』も、生きる欲望の渦巻く闇市やバー、そのゴミが集まった池、その周辺で生きる人々の浮き沈みが描かれていました。その中で、純真さを体現するような、久我美子が演じる少女に黒澤監督が希望を託しているように思いました。

桜井　久我美子は名門華族のいわゆる深窓の令嬢だったから、生得の「品」があったね。昭和五十年代には洋画・日本映画の女優人気ベストテンのアンケートが多く、常にベストスリーに入っていた。今井正の『また逢う日まで』が決定打だったのだろうが、この『酔いどれ天使』でも泥中の蓮のような印象を残したね。

ただこの映画の真の主役は、タイトルのように、酔いどれ天使の志村喬だね。黒澤の思い入れはその目線に託されている。この人物造型は、江戸時代末期に爛熟した市井の庶民文化から生まれ、戦前の昭和まで生き残っていたんだろうね。

――人間の醜い面も全て受け入れて愛するような人物ですね。

『青い山脈』と民主主義（昭和二十四年）

――その他に戦後の日本映画で、当時の精神を描いているものはありますか。

桜井　私が戦後の日本映画の歴史的な作品だと思っているものに、『青い山脈』（昭和二十四年）があるんだよ。戦後、映画が復活して、出てきたのは反戦映画だった。ところが『青い山脈』は、ある意味で民主主義をカリカチュアライズしている。だけど、いわゆる啓蒙という角度からみたら、非常によく出来ている。あまり映画ずれ、世間ずれしていない人にとっては、「ああこれが民主主義だ」と思わせるような、分かりやすい教科書風になっているわけだ。つまり、日本人が「民主主義とは何のこと」と言っている最中に、あの映画ができたということだね。

監督の今井正が面白いのは、本人が共産党でありながら、この作品を撮っているところだ。彼は完全な共産主義者で、『また逢う日まで』（昭和二十五年）は、反戦映画の模範的なものだから。

――そうなんですか！

桜井 おや、知らなかったか。『青い山脈』は最初新聞に連載されて（昭和二十二年六月～十月）、石坂洋次郎がユーモア小説的に書いていた。これを今井正がどう監督するのかなと思っていた覚えがある。それが、非常によく出来ていた。原作も良かったんだろうけれども、映画では、軽快な、コミカルな形で演出されているね。

――登場人物達の笑顔や、駆け抜けるような動きをよく覚えています。

桜井 東宝のお偉方から聞いたところによると、今井正は、木暮実千代ではなくて、杉村春子をキャスティングしたかったそうだ。「そうでないと俺は撮らない」とまで言ったそうだよ。あんなど田舎の芸者が木暮実千代であるはずがない、杉村春子ならそれらしく演じる、とね。今井正は、不満たらたらで木暮実千代を使ったということだ。

――そうですか！

桜井 それから『青い山脈』で主演の杉葉子は、駒場の一高のすぐ側に住んでいたんだよ。戦争中から、足の長い女の子がいると評判だった。その子がスカウトされて映画界に入り、『青い山脈』でいきなりスターになった。そういうこともあって、私はあの映画を忘れられないんだよ。

――戦争中も学生さん達の間で、そうしたほのかな恋心のようなものがあったのですね！　この映画も、原節子が主演ですね。

桜井　原節子は国際的な女優としてデビューしたが、あの大輪のバラのようなスケールを日本映画は持て余していたようだね。『晩春』で初めて、大人の女優として華が開いたと思う。これは一にも二にも小津の卓越した演出力じゃないかな。

日本中が歌った「リンゴの唄」と「青い山脈」（昭和二十年～）

――『青い山脈』では主題歌も耳に残ります。

桜井　『青い山脈』で面白いのは何よりも、主題歌だね。戦後、昭和二十四年頃に日本人全体が世代を問わず、歌う歌がなくなっていた。戦争が終わって、日本人が安酒か何かを飲んで集まっている時に、皆で歌おうといっても、歌える歌がなかった。それまでは軍歌ばかりだったし、学生は寮歌を歌っていたからね。

――今のカラオケみたいですね！　やっぱり人々が集まると、歌おうという雰囲気になるのですね。それにしても、平和な世の中になって、皆で楽しくお酒を飲んでいる時に、軍歌では盛り上がりませんね。

桜井　あんまりにも皆で歌える歌がないために、昭和二十年代の後半は、歌声喫茶というものができたほどだ。ただ、ここで歌うのは、ほとんどがロシア民謡だった。「カチューシャ」とか「灯火」とかね。歌う歌がないから、ロシア民謡だったんだね。

――ロシアの歌が人気だったというのは、面白いですね。日本オリジナルの歌として、『青い山脈』の主題歌はとりわけ人気だったのですね。

桜井　男も女もみんなでわーっと歌えたのが「青い山脈」だったんだよね。国中で歌われた。もっとも、最初に日本中で歌われたのは、映画『そよ風』（昭和二十年）の「リンゴの唄」だった。東京でもどこに行っても、「リンゴの唄」が聞こえてきた。「リンゴの唄」と「青い山脈」、この二つだけが、大声で歌える歌だったんだね。『青い山脈』には、そういう歴史的な意味もある。

――当時、映画は多くの人に観られていて、主題歌の面でも、人々の生活に活力を与えていたのだなあと思います。

米軍キャンプでの英会話のアルバイト（昭和二十一年〜）

――デビュー前の杉葉子が一高生の間で話題になっていたという話がありましたが、一高の生活は和気あいあい、楽しそうですね。

桜井　中でもアルバイトの思い出がある。私は旧制高校の生徒という恵まれた立場にいたから、色々なアルバイトのようなことをやったんだよ。

――アルバイトをされていたのですね！

桜井　とにかく食うものは本当に困っていたし、親父ももう三井物産をやめて田舎にいたから、仕送りもなく、自分でやっていかなければしょうがなかったからね。寮の連中も、大部分はアルバイトをしていた。もちろん、アルバイトをしないですむ贅沢な家の息子もいたけれどね。

――どんなアルバイトですか。

桜井　一つには、こんなことをした人はあまりいないのかもしれないけれど、進駐軍のキャンプをまわって、彼らのタバコやチョコレートを仕入れて売った。私は、売り子は出来ないけれど、仕入れの方にまわったんだよ。

――進駐軍を相手にしたアルバイトは、稼ぎがよかったのでしょうか。

桜井　もう一つのアルバイトも、進駐軍相手だった。一高の寮は、自治制度でやっていたでしょう。その自治委員の中に、共済委員というのがあって、アルバイトの申し込みを受け付けていた。私はそちらの方もやっていて、一番実入りの良かったアルバイトがあったんだよ。当時の美術学校、まだ美大になる前だけれど、その美術学校の委員というのが訪ねてきて、折り入って話があると言った。美術学校の生徒も、食べるのに大変だったからね。

なかなかのアイディアだった。米軍のキャンプで、アメリカ兵が奥さんや恋人の写真を持っている。それで美術学校の生徒は、「あなたのその大事なloverの似顔絵を、日本のシルクに筆で書いて、日本駐留の土産にしませんか」ということを話して、注文を取りたい。でも彼らはほとんど英語ができないから、キャンプを回っても、話しかけられない。一高の学生なら英語が喋れるだろうと言うんだよ。実は一高の学生も、そうでもないんだけどね。世間ではそう思っていたんだ。

——石動で英会話の先生を頼まれた時と同じですね。

桜井　そうだね。一高の寮の中で、「キャンプを回って英会話をする自信のある者は名乗り出ろ」と言うと、何人も出てきた。

――似顔絵をシルクに筆で書くなんて、とても素敵ですね。

桜井　ほんの小さな写真を基にして、シルクに、日本画的に似顔を描くわけでしょう。これは米兵が非常に喜んで、千円をくれた。千円というのは、昭和二十一年では大変な価値だったんだよ。今で言うと、二万、三万円くらいの値段だと思う。それで、一高の学生がキャンプを回って注文を取り、美術学校の生徒が似顔絵を書き、五百円ずつ、一高生と美術学校生で分けた。

――米兵にしたら、高額を払うだけの魅力があったのですね。

桜井　これは大繁盛してね。これだけ稼いだら一割くらいピンはねしてもいいだろうと思って、たしか共済委員で一割ほどピンはねしたと思う。これが結構な実入りだったんだよ。

――ははは、ピンはねですか！

家庭教師のアルバイト（昭和二十二年〜二十八年）

――桜井さんが単独でなさっていたアルバイトもありますか。

桜井　もう一つアルバイトをしていた。当時、私は飢えに飢えていた。闇の食糧がかなり入っているとは聞いていたけれど、高いばかりだったからね。一高の寮費が四円五十銭とかいう、そんな頃だ。それが闇では、何百円という話だから、桁が違ったわけだよ。

――先ほど話題に出た『酔いどれ天使』や『野良犬』でも闇市が描かれていますが、そんなに高値で物を売っていたのですね。

桜井　そう。もちろん酒などはなく、カストリやメチルアルコールなど、変な酒を飲んでいたね。

――変な酒とは恐ろしいですね。

桜井　私は体質的に酒を受け付けなかったのだけれど、変な酒を飲んで倒れた友人を寮に連れ帰ったことは、何度もあるんだよ。ところが、一高の終わりから東大法学部の四年間、全く食うものに苦労しなくなった。それは、家庭教師になったからなんだね。

――家庭教師のアルバイトで、そんなに稼げたのですか。それにしても、長い間務められたのですね。

桜井　このアルバイトは、そもそも始まりから印象深いんだよ。昭和二十二年の冬だったか、依然としてその頃は、渋谷駅前広場は電灯も何にもなくて、夜は真っ暗だった。そこで進駐軍が日本女性をつかまえて乱暴をするという噂があって、女性は夜に歩けないような状態だった。その中で、私はマントに下駄を履いて歩いていた。そうしたら、後ろからぱっと私に抱きついた奴がいたんだよ。私は血気盛んだったから、「何だ！」と言って振り向き、下駄で蹴飛ばしてね。

――なんだか、旧約聖書に登場する、ヤコブと神の喧嘩みたいな情景ですね！　闇の中、何者かがヤコブに掴みかかって格闘になり、ヤコブが力を緩めなかったために、神から「イスラエル」の名を与えられて祝福された、というお話です。

桜井　私の場合は、脆くも相手は転がった。どうもアメリカ兵でも何でもなくて、日本人の中年男性であることだけが分かった。そうしたら、その男が「違う違う。あんた一高の学生だろう。一高の学生を捕まえようと思って、それで抱きついたんだ」と言うんだね。「一体なんで、一高の学生を捕まえようと思ったんだ」と聞いたら、相手は「いやいや、娘が立教女学院を受けるので、家庭教師が必要なんだが、かといって、どうしたらいいんだと、さっきまで仲間と飲みながら話していたんだ。そうしたら仲間が、あんたのところは井の頭線の浜田山だろう。渋谷でハチ公の辺りを歩いていれば、一高の学生が歩いている。それを捕まえればいいじゃないかと言われたから、さっきから網を張っていたんだ」と答えた。「えー」と言ったら、「とにかくこんなところで話すのもなんだから、ご飯をご馳走するから、こっちに来なさい」と言われてね。それだけで私はついて行ったんだよね。

——一高生を目当てにずっと暗い中に潜んでいたなんて、すごい執念ですね！　どんなところに連れて行かれたのですか。

桜井　これが、敗戦直後の日本の一つの実態だけれど、道玄坂はほとんど焼けていた。ただ上の方に行くと、焼け残っているビルがあったんだよね。どの辺だったかは覚えていないけれど、どこかのビルの地下に降りて行った。どこへ行くんだろうと思ったら、地下に日本料理屋があったんだね。「へー、こんなところに」と思った。

——焼け野原の中に日本料理屋が隠れていたのですか！　お客さんは多かったのですか。

桜井　料亭のように小部屋だったから、他に客がいたのかは分からなかったな。「ここは馴染みの店だから、好きなものを食べてくれ」と言われて、たしかトンカツとか天ぷらとか、何年間も夢に見ることさえなかったものが出てくる。もう夢心地で、「とにかく話の中身は何でもいいから、食わしてくれ」と言って、一生懸命食べたんだよ。

——辺りは焼け野原の中で、トンカツや天ぷらが食べられたのですか！

桜井　闇マーケットにどれだけ食べ物があって、金さえ積めば手に入ったかということだ。寮に帰れば「サルトル三部作」で、すいとんが出されていたから、落差が激しかったわけだね。

――そう、「サルトル三部作」でした！　あるところにはあったんですね。

桜井　酒もそうだ。先ほど話したように、学生だったら、普段は変な酒しか飲めないけれど、その日本料理屋ではまっとうな日本酒が出てきたんだよ。私は、「これが酒というものか」と、しこたま飲んで酔っちゃってね。生涯で酔いつぶれたのは、あの時だけだと思う。完全にダウンしちゃったんだよね。

――よっぽど美味しかったのですね！　その料理屋でダウンされたのですか。

桜井　それが気がついたら、ちゃんとした日本間で、ちゃんとした布団の上で寝ていたんだよ。「あれ、どこだろう」と思ったら、その料亭の奥の部屋か何かだった。立派な布団だし、枕元に水差しまで置いてあってね。

――旅館のようですね！　どれくらい寝ていらしたのでしょうか。

桜井　もう朝になっているわけだよ。店の人が来て、「ああ、目が覚めましたか」と言った。あの男から名前だけは聞いていたから、「三浦さんは」と言ったら、「昨夜お帰りになりました」。「じゃあお勘定は」と聞いたら、「もちろんお支払いになられました」と言ってね。「できたら、今夜来てくれ」という伝言があって、井の頭線の浜田山から自宅への地図と、「必ずお待ちしています」ということが書いてあった。「ああ、昨日のことは夢じゃなかったんだ」と思ったものだ。

――そこに行かれたのですか。

桜井 三浦さんは、家庭教師を頼むことについて、謝礼はおいおい相談するけれど、とにかく来てくれたら腹いっぱい食べさせてくれると、そう言っていたんだね。それだけで私はもう、浜田山に行った。

――三浦さんはどんな方だったのですか。

桜井 浜田山に行ったら、こういうことが分かった。その人は日本電気の子会社、製品の梱包をしている会社だと思うけれど、その社長だ。奥さんは前社長の娘で、彼はそのお婿さん。奥さんは戦時中に重い病気にかかり、全く難聴になってしまった。だから、喋ることは喋るけれど、子供を育てるのに大分苦労したようで、子供の勉強をみてやれない。旦那は社長で忙しい。上の娘が立教女学院を受けるんだけれども、家庭教師が必要だ。そういうことが分かったんだね。

――それでは、家族ぐるみで桜井さんを歓迎されたのではないでしょうか。

桜井　奥さんは本当に綺麗な人だったけれど、難聴で会話ができない。娘が母親代わりで、私の喋ったことを、手話のようなかたちで奥さんに伝えた。それで「お待ちしておりました」ということで、部屋に通されて、食事をいただいた。そうしたら、ハヤシライスのようなものだったか、オムライスだったか、覚えていないけれど、もう何年も見たこともなかったような食べ物が、熱々の状態で出てくるじゃないか。それだけで私は、ここで家庭教師をやろうと思ったんだね。

――熱々の状態というのも「サルトル三部作」とは違いますね！

桜井　本当に夢のようだった。それだけじゃない。実にそれから六年間か、その家で家庭教師をやったんだよ。娘が首尾よく立教女学院に合格し、「これはボーナスだよ」といって渡されたものが、当時の私にとってはとんでもない巨額だったんだよね。寮費が四円五十銭とか何とかで、シルクに似顔絵を書いたものが千円。それが、ボーナスは数千円だったと思う。

――すごい額ですね！

桜井　「こんなにもらうんですか」と言ったら、「いや、次に、息子を何とか麻布中学に入れたいと思うけれど、入学試験が難しい。何とか息子を麻布中学に入れてくれないか」という話だったんだね。私も、ボーナスの巨額さと、出してくれる飯の美味さに、何とか続けたいと思ったから、「頑張ってやってみましょう」と引き受けた。

――麻布中学に入れるための家庭教師というのは、難しそうですね。

桜井 その息子はその時、小学校五年生だったか、入学試験まで一年以上あった。それで私は、麻布中学の入学試験を特訓した。例えば、数学の試験が四問あるとするね。そうしたら、分かる問題だけを先に解いて、分からない一問を最後に残しておく。四問のうち三問解ければ七十五点だけれど、分からない一問にとりかかっていて時間切れになったら、五十点にもならない。だから分かるものだけ先に手をつけろ、というようなことを教えた。

――今の受験にも通じる方法ですね。当時から中学受験は大変だったのですね。お子様達とは、仲良くなられたのですか。

桜井 勉強に疲れると、「ちょっとラジオでもつけようや」ということになった。ラジオをつけると、美空ひばりが流れていてね。恐ろしく歌の上手い女の子がいるよ、という時代だったんだね。私は息子と一緒に歌を覚えて、歌の文句の意味を教えた。ついでに退屈させないように、トランプや将棋や囲碁も教えたんだよ。彼らにとって、私の家庭教師の思い出は、歌や遊びを教えてもらったことだったようだ。

――合格させなければという責任も重かったのですか。

桜井　私も職業的な家庭教師の責任感が出てきたから、何年ぶりかで麻布中学に行って、「最近の入学試験問題はどの先生が作るんですか」と聞いた。この先生ならこういう問題を出すだろうという、各先生の癖があるわけだね。それから、ここ何年間の麻布中学の入試問題を並べて、出題傾向を調べて、そろそろ来年はこういう問題が出るなと考えた。私はそういう推理が好きだったし、問題を作る先生を知っていたからね。

――桜井さんご自身が問題をお考えになられたのですか！

桜井　私は、山をかけるのが仕事だと思っていたからね。家庭教師といっても、模試のようなものを毎回私が作って、息子がそれを解くという、麻布中学の入学試験対策ばかりやった。そうして、一年後に入学したんだ。そうしたらまた、目玉が飛び出すようなボーナスをもらった。

――良かったですね！

桜井　この家庭教師のおかげで、一高の頃と東大の四年間と、私はお金にも食うものにも不自由しなかった。いまだに覚えているのは、昭和二十七年に住友信託銀行に入った時に、初任給が月給四千五百円だったわけだ。ところがその前年はたしか、家庭教師のボーナスや、『キネマ旬報』の原稿料で、月収が一万円くらいの時があった。だから、銀行に入って朝から晩まで拘束されて、収入が半分になったというのが、私の実感だったんだよ。

——就職されてからの方が、月収が少なくなったのですね！　そのご家庭とは、その後もご交流が続いたのですか。

桜井　私が銀行に入ってからは、交流が途絶えていた。けれど、息子が会社の後を継いで、創立何十周年という時に私を呼んでくれた。私が週刊新潮に映画の話を書いていたのを、あの美人で難聴を患われていた奥さんが見つけて、もう次期社長になっていたあの息子が、私の秘書室に連絡したんだよね。私は飛び上がって喜び、三十数年後に浜田山に行って、死んだお父さんのお位牌に手を合わせた。

——それは懐かしかったですね。

桜井　私が教えた部屋もちゃんと残っていてね。色々書いたり教えたりしたものも、全部とってあった。それが昭和六十年だったかな。それからは、家内も一緒に、家族ぐるみで行き来をしたんだよ。

——ご縁ですね。

桜井　その通りだね。思い返してみると、最初にハチ公の広場で真っ暗闇の中でうわっと抱きつかれて、それから道玄坂の上のビルに豪勢な日本料理屋があってご馳走になったという、これも一つの縁だと思うんだね。

——桜井さんがそのご縁を大事にされて、お二人の学校合格という人生の大事な所に関わられ、後々またひょんなきっかけで再会されて……、感動的なお話です。

第七章

戦後の東大、そして銀行

（昭和二十四〜二十七年）

法学部と共産主義

――一高を卒業されると、東大の法学部に入られたのですね。

桜井 昭和二十四年だね。私が入学した頃は、ちょうど民法、憲法改正の真っ只中だったから、昔の教授が全部追放されて、戦時中のアカと言われた連中が法学部を乗っ取っていた。

――講義というよりも、思想を伝えるような場所だったのでしょうか。

桜井 そう。したがって、講義を聞いていると腹が立った。講義の中身の大半が、戦中を罵る話、恨みつらみが多かったんだよ。とにかく、せっかく法律を学ぼうと思っても、肝心の憲法、民法、商法、全部改正だからね。講義を聞いてもあんまり意味がなかった。私は軍国主義者というわけではないけれども、先生達の話にあまり共感できなかった。だから、法学部の講義の中身が不愉快で、身が入らなかったんだね。

――周りの学生もそうした雰囲気でしたか。

桜井 周りは共産主義に偏っていた。東大の正門のところで共産党の連中に囲まれて、私はまだ入党していないということで、けしからんと言われた。それで法学部に入ったのは、しまったかなと思ったんだよ。

映研

――それでは、講義よりも映画に熱を入れておられたのですか。

桜井　映画はもちろん観たい。それで映研があることが分かり、映研の部屋に行って、「入りたい」と言ったんだよ。そうしたら、「あんた珍しいね」と言われたのを覚えている。東大映研には法学部の学生はほとんどおらず、私だけだったかもしれない。文学部の学生しかいなかったと思う。

――部員は何人くらいでしたか。

桜井　映研に登録しているのは三十人くらいいたんだろうけれども、出てくるのは十何人くらいだったね。本当に映画の虫みたいな人達がいた。私はただ一人法学部生で異分子みたいだったから、よそ者的な目で見ていたんだよ。彼らが議論するのを聞いて面白いと思うと同時に、「モンタージュ理論」など抽象的な話がつまらなくも思い始めたね。

――部員の人達は理論的なことを話していたのですね。

桜井　そう、東大映研でどのようなことを話していたかと言えば、「モンタージュ」など映画の専門用語を駆使した話が多かったと思う。特に『戦艦ポチョムキン』（日本では昭和三十四年に自主上映、四十二年に一般公開）の「モンタージュ理論」。こうしたものを振りまわす者もずいぶんいたし、「表現主義」に傾倒する奴と反対する奴とで激論を交わしていた記憶もあるね。

――面白い議論もありましたか。

桜井 映研で面白かったのは、「山中貞雄の『人情紙風船』（昭和十二年）を議論しているから入れ」と最初に言われて、私も観ていたから、議論に入った。それが非常に面白かったんだね。

――盛り上がったのですね。

桜井 夜中まで侃々諤々で、当時は金もないから、高い酒を飲まずにカストリ酒みたいなものを飲んでね。よくあんなことをやっていたものだとも思うけれど、青春でもあったんだね。楽しかった。

――まさに青春ですね！ 映研では、他にも活動があったのですか。

桜井 当時の共立講堂を映研の名前で借りて、映画会社のお偉方の先輩からフィルムを借りて試写会をしたんだよ。例えば戦前の映画『プラーグの大学生』（昭和元年）。

――珍しい映画を上映したのですね。上映後は、やはり議論されたのですか。

桜井　映画評論家を呼んで話をさせ、客席から質問も受け付けた。切符を売って、学生が来る。こうした会を何度か催し、私も共立講堂でもぎりの仕事をした。

――映画館みたいですね！　ご自身でも映画をお作りになられたのですか。

桜井　いやいや、当時のフィルムというのは、素人は触れられなかったからね。上映のときにも、映写機はプロが扱った。だからこそ、今の映研みたいに学生が映画を作るということはなく、見るのに徹底していたんだよ。

荻昌弘

――東大映研といえば、映画評論家の荻昌弘さんが有名ですね。

桜井　映研には他に、『狂った果実』（昭和三十一年）を作った中平康がいた。でも最初に映研を訪ねた時に、ここのボスはこの人だと紹介されたのが、荻昌弘。そのときに荻と喋って、それからずいぶん付き合ったんだよ。

――気が合ったのですね。

桜井　そうそう、その時に分かったのは、彼も全く文学部の講義なんか行っていないということだった。映画の話ばかりでね。

――ははは、授業をサボるところでも気が合ったのですね！

桜井 私も法学部三年か四年間のうち、講義を聞いたのは数えるほどだった。大学に行くのは、映研に行くのと、麻雀をやるのと、この二つだけだったからね。

――あら、不良学生ですね。その他に、荻昌弘との思い出はありますか。

桜井 荻昌弘と親しくなり、お互いの生年月日も分かった。彼が一年年上で、学年が一年違っていた。あるとき、彼が言ったのか私が言ったのかよく覚えていないけれど、「ところで、映画というものに夢中になったきっかけは何だったの」という話になった。「いやいや、ある映画を観たからなんだ」、「俺もそうなんだ」、「じゃあ何なんだ、それは何だね」と話が続いていった。それで彼が、「口で言ったんじゃつまらないから、書こう。俺は確信がある。面白いから、紙に書いて見せ合おうじゃないか」と、そう言ったんだよ。

――何をお書きになられたのですか。

桜井 私は『路傍の石』と書いた。彼も、何かを書いた。それでパッと見せ合ったら、彼の紙にも『路傍の石』とあったんだよ。荻と私は、思わず握手をした。映画を好きになる始まりが、全く同じだったんだから。

――運命のようですね。先ほどのご縁のお話を思い出します。

桜井　そうだね。その一本だけで、お互いに、どういう映画に痺れるかということが分かった。けれど、荻と話していて、とにかく圧倒されたんだよ。その知識の豊富さ、見方の大人びていること、造詣の深さ、それまで観た映画のヴォリューム。桁が違ったんだね。私は、『路傍の石』が偶然一致しただけということで、こういう人に比べたら身の程を知る思いだった。

――桜井さんがそうおっしゃるとは、よっぽどのお人ですね。

桜井　荻は特別だった。映研の中で、荻昌弘がまるで光源氏みたいに、言うこと為すことずば抜けていた。本当にそんなオーラみたいなものを持っていたんだよ。

今井正に会う

――そうして映画にご傾倒される中で、銀行へのご就職はどのように決まったのですか。

桜井　就職にあたっては、これからどうしようかと考えた。世の中がまだめちゃくちゃだからね。就職するといったって、当時は進駐軍の政策で日本を農業国にしようとしていた頃だから、あらゆる工業はストップされていた。農業に行く気もしないし、しょうがないから新聞社にでも入って映画の批評でも書けないかなあと思って、荻と相談していた。

——映画批評は、学生時代からされていたのですか。

桜井 その頃、映画雑誌がいっぱい出てきていたんだよ。そこへアルバイトで原稿を書けというので、いくつも書いた覚えがあるね。例えば、当時の宝塚から女優になった、越路吹雪、乙羽信子、淡島千景。この三人を論じる特集に書いて、活字になったんだよ。

——本格的に書いておられたのですね。そうすると、その道に進みたくなりそうですね。

桜井 それで荻が紹介してくれたのが、映画監督の今井正だった。彼も東大出身だからね。

——『青い山脈』の監督ですね。

桜井 『また逢う日まで』を観てから、今井さんに会ったのだったと思う。紳士的な人だったね。「法学部に何で入ったんだ」という話になり、「とにかく大学に入るなら、どの学部にするかといって、当然文学部だと思ったけれど、親父もリタイアしていて自分で働かなければならなかったから、保険をかけて法学部にしたという、情けない理由です」と言った。

――今井監督のご返答はどのようでしたか。

桜井　「せっかく法学部に入ったんだ。法学部ならこんな時代でもめしを食えるから、絶対に辞めるな」と言った。「映画みたいなヤクザなところに入らなくても、ゆっくりやったらいいじゃないか。どうしても映画で飯を食いたいなら、即座に法学部を辞めて下働きから始めて、入社したいと言うなら、私は骨を折るよ」と言ってくれたんだよ。

銀行、喧騒、映画

桜井　就職の話は後で詳しく話すけれど、結局、銀行に入った。ただ、今の方には見当もつかないだろうけれど、勢い銀行に入ったものの、来月、再来月くらいまでは給料が振り込まれるだろうが、その後は分からないだろうという気持ちが常にあった。大銀行でもそうだったんだよ。簡単には潰れないだろうというくらいの気持ちで入ったけれども、最初の頃は、ボーナスが出るか出ないかなんて喋っているのが聞こえてきたほどだった。

――いまだ不安定な時代だったのですね。当時の銀行はどのようでしたか。

桜井　私が銀行に入ったのは昭和二十七年、まさに映画の全盛時代だった。朝鮮動乱が終わり、日本が復興の勢いに乗った頃だったから、私もいい時に銀行に入ったわけだ。進駐軍の占領計画も全部変わって、その年に講和条約も成立しているから、重工業の復活があり、航空機や自動車はまだだけれども、国が一気に盛り上がった時でもあった。だから、銀行にも活気があったね。

——映画を始め、産業全般に活気があったのですね。戦争直後は進駐軍が日本を農業国にしようとしていたということでしたから、政策転換に驚かされます。当時の銀行の雰囲気はいかがでしたか。

桜井　今の銀行に比べると、別の国みたいだったんだよ。最近の銀行は、働いている人の目の前に衝立《ついたて》があって、周りを見渡せずに森閑としているね。私が入社した頃は、耳を聾するほどにみんな喋り合っていた。そこへ電話が次から次と鳴る。電話も、怒鳴らないと聞こえないくらいだった。隣の席や前の席と、常に世間話をわあわあやりあっていたんだ。

——それは面白いですね！　今の銀行とは正反対のイメージです。みんな仕事のお話をしていたのですか。

桜井　いやいや、一番の話題が映画だったんだよ。大体の人は、土曜日は半ドンで、その後で映画を観ていた。平日は残業で観られなかったからね。

―― 休日には、みんな映画を観に行っていたのですね。

桜井　そう、土曜日に仕事が終わってから、あるいは、日曜日に観ていたんだよ。そして、観た映画の話をしたいばかりに、月曜日は早く出社した。今は跡形もないけれど、丸の内の銀行のビルとビルの間に、小さなコーヒーショップがあった。そこで、昨日観た映画の話をしようという雰囲気があったんだよ。そのコーヒーショップは、周りにも銀行があってそういう連中が来ていたから、銀行員で一杯だった。

―― 楽しそうですね！　桜井さんも、いつもそうされていたのですか。

桜井　私ももちろん、通常は職場に朝八時五十分までに行くのだけれど、月曜日は八時頃に着いて、五十分くらいはコーヒーを飲みながら、昨日観た映画について話す。他の銀行の人もいたし、女子職員も映画を好きな人が沢山いて、盛り上がった。

―― 朝から集まっていたのですね！　映画を通じて、人々が繋がっていきますね。

桜井　そう、そうすると、職場仲間のそれぞれの性格や、人生観や価値観が分かったんだよ。どういうことにこの人は琴線を揺さぶられるのかということが分かって、非常に面白かった。

―― 小樽時代には、映画鑑賞後にお父様の職場の方達が喫茶店に集まっていた、とお話ししてくださいましたが、同じですね。本当に面白そうです！

年末年始のドタバタと人情

桜井　私は昭和二十七年の大晦日と二十八年の大晦日、この二つを忘れられないんだよ。私はそのころ東京支店の貸付にいたんだけれど、いきなり新米社員がそんなところに回されるなんてことは、普通あり得ないわけだ。研修期間も何もあったもんじゃなくてね。そこではね、大晦日は、夜中の二時頃まで仕事をしていたんだよ。「締《し》め前《ぜん》」「締《し》め後《ご》」という言葉があってね。

――「締め前」「締め後」とは、何ですか。

桜井　伝票を書く時に「何月何日」と書く。ところが、ある時間になると「締め後」になって、翌日の決算になる、ということだね。通常は午後の三時に締めて、それ以降の入金は「締め」扱いになる。

十二月三十一日の大晦日になると、夜中の十二時までが「締め前」なんだよ。一秒でも十二時を回れば、翌年の一月一日だけれど、手形は一応「締め後」扱いということでね。そうすると、例えば一月元旦の夜中の一時にお金が入ったとするね。そのお金が十二月三十一日の手形の決済が必要ならば、「締め後」扱いにすれば、手形を落とせるわけだよ。だけど実際には元旦に入ったわけで、三十一日にはまだ入っていないから、それは不渡りになっちゃうんだね。

――銀行員の心次第ですね。

桜井　コンピューターが入ってからは、そんなことはできないけれど、私の頃はそろばんの時代だからね。全部、手計算でやっているでしょう。

――大変な作業ですね。

桜井　山と積んだ伝票を処理するわけだよね。大晦日は、大体夜中の三時くらいまで仕事をしていたものだ。その間中、色んなお客が、昔の唐草模様の風呂敷を首に括り付けて、やって来た。

――ははは、面白い格好ですね！

桜井　笑っちゃいけない、みんな真剣なんだよ。これが色んな卸売の会社で、取引の小売店を回って集金するわけだ。もうしわくちゃになった百円札も硬貨も、全部首に括り付けてきてね。何だこれはと思うと、集金してきたお金なんだね。彼らはみんな、十二月三十一日の手形で落とさなかったら一巻の終わりだということで、必死になって集金に回ってね、それで銀行に駆け込んでくるわけだよ。
例えば、美容院なんていうのは、明け方までずっと女の人が髷を結っている。そこへ集金が行くと、美容院の店主がお客の頭を結いながら、「その集金箱の中の物を持って行って！」と言う。

――切羽詰まっていますね。

桜井 そう、それは、山程のしわくちゃの百円札からも分かったね。つまり、美容室から箱の中のお金をとにもかくにも風呂敷に入れて、首に括り付けて、それで、夜中には電車もないもんだから、走ってくるわけだ。当時は銀座から丸の内なんていうのは、みんな走ったもんだよ。だから、真冬なのにね、もうただただ汗を流したおっさん達が、次々に入ってくるわけ。また入ってくると、私なんかは一番下っ端の職員だから、真っ先に飛び出してね。銀行のカウンターを開けると大変だから、客溜まりの広いところに行ってね。おっさん達はそこで風呂敷を広げて、しわくちゃの札を一生懸命に伸ばすわけだよ。

――真夜中の銀行でそんなドラマが繰り広げられていたんですね。

桜井 いや、ドラマはここからだ。私達はそれを数えて、「何万何千円、締め後入金」という伝票を書く。すると、それは元旦の夜中の三時なのに、前年の十二月三十一日にお金が入ったことになるわけだよ。それで手形を落とせて、その業者も生き残るというわけだ。

――銀行の人も、ひと晩中気が抜けませんね。

桜井　だから全部終わるのは明け方の四時とか五時くらい。すると、まだ電車が走っている時間じゃないから、みんな銀行の毛布を使って、客溜まりのソファーで寝るわけだよ。

――あの銀行のソファーですか！

桜井　一時間や二時間うとうとすると、ぷわーんと白粉の匂いで目が覚めるんだよ。女性職員が私を覗き込んでいるんだね。それは何かと言うと、昭和二十七年、二十八年は日本に労働基準法が初めてできた頃で、女性の残業を許さないということだった。たしか女性は夜の十時までと決められていたのだったかな。実際は、忙しいから十時にはとても帰せなくて、十二時まで何とか手伝ってもらってね。でも十二時を過ぎるとさすがに、見回りが来たら大変だから帰すんだね。

彼女達は浅草とか人形町とか、下町の女学校を出ていて、商売屋の娘が多かった。だから、夜中の十二時に家に帰って、それから美容院に行ったわけだ。

――寝ないで、新年の着付けをしたのですね！

桜井　そう、それでかつらを被って、お化粧をして、着物を着て、一睡もしないで、また銀行に出てきて、客溜まりのソファーで寝ている私達を起こすわけだね。その時の、白粉の香りで目が覚めた元旦というのは、忘れられないね。

――新年に会社に集まったのですね。

桜井　二十八年までは、新年の儀式があって、駐在の役員や支店長がモーニング姿で出てきたんだよ。その頃は、モーニングと言ったってボロボロのひどいものだったけれどね。それで一応セレモニーみたいなことをやって、一時間か二時間で解散する。

――正装で集まったのに、あっという間に解散ですね。

桜井　そう、すぐ解散になって、みんなどこも行くところがないでしょう。彼女らはせっかく髷を結っているし、正装をしているから、これで家に帰りたくはないと言う。それで、支店長や課長の自宅へ押しかけたものだよ。

――ははは、仲良しですね！　今は上司の家に行くなんて、なかなかないと思います。羨ましいです。

桜井　その頃の銀行というのは、家族みたいだったたね。月に一回くらいは、課全部で、鎌倉とか箱根とかに一緒に行っていた。そうすると、それぞれの個性なんかもみんな分かっていて、まあ親戚みたいな感じだったよね。

――いいですねえ。

桜井　とにかく何もかも変わったのが、コンピューターが入ってからだ。「締め前」「締め後」なんてとてもできないしね。お客さんを助けてあげたいという銀行の人の気持ちもなくなるよね。昔は、大晦日の二、三時になると「あの会社の人はまだ来ないか。来なかったら大変だ。ちょっと表を見て来ようか」と、心配してね。唐草模様の風呂敷を担いでくると、「ああ、来た、来た」という感じだったんだよ。

第八章 就職と縁

（昭和二十七年）

大量の就職希望者の年――通年採用から一斉解禁へ

桜井　それから時代は前後するけれど、銀行に入った経緯《いきさつ》を語り残したいと思うんだよ。単に私の個人的なヒストリーではなくて、今の就活とは違う、その頃の就職事情が見えてくると思うからね。

私が銀行に入った昭和二十六年というと、その前年の朝鮮動乱のおかげで日本が農業国にならずにすんで、一挙に景気が良くなってきたわけだね。だけどまだ、日本企業の大部分は復活していない。だからどの会社も、それぞれの採用を行っていた。つまり通年採用なわけで、今みたいに一斉に解禁するなんてことは考えられなかった。

――そうなんですね！

桜井　ただね、私はその最後の世代なんだよ。何故かというと、昭和二十二、三年にアメリカが日本に入って来て教育改革を行い、学校制度を変えちゃったわけだね。それで旧制高校も大学も全部潰して、新制にした。その意味で、私は最後の一高生なんだ。私の次の年にもまだ一高は残っていたから、入学生はいたわけだ。けれど、新制に切り替わったから、彼らは二年で卒業している。

その結果何が起ったかというと、私が就職試験を受けたのは昭和二十六年でしょ。次の年の二十七年になって、旧制の最後の卒業生と、新制の最初の卒業生が、同時に世の中に出ることになった。つまり、二年分の学生が一挙に就職戦線に出た。そうなると、大変な「買い手市場」になったわけだよ。

――就職する側にとっては、いつどのように活動すればいいのか、分からない状況ですね。

桜井　そう、大量の就職希望者が出るということで、初めて経団連や何かが動き出した。それで時期を決めて、一斉採用という方針に変えたのが、私が就職した翌年からなんだよね。だから私が就職した年というのは、就職というものが大きく変わる分水嶺の前だった。そういうことがまず一つあるんだね。

「給料取り」

桜井　もう一つは、今とは違う別世界みたいなものがあってね。その頃サラリーマンというのは、どれくらいいいたと思うかな。

――サラリーマンですか。そういえば、戦前を扱ったドラマなどを見ていても、サラリーマンのイメージは出て来ないですね。

桜井　私は銀行で採用をしていた時期があって、関心を持って、昔の主税局で調べてみた。いわゆる「給料取り」というのが戦前、昭和十年代はほとんど十パーセントくらい。ところが昭和二十五年に朝鮮動乱に入って、増えたんだね。その結果、私が銀行に入った昭和二十六年には、サラリーマンの比率が、やっと二十パーセント台に入った。その後、今度は成長が続いた。三十年代は三十パーセント、四十年代は四十パーセント。それでその四十パーセントに入った時に、私は採用担当になったんだけど、まあ二ヶ月以上、来る日も来る日も押し寄せる学生に会い続けることになったわけだよね。

――戦前は「給料取り」は異色の存在だったのでしょうか。

桜井　いまだに覚えているけれど、私は富山県の出身で、父方も母方も富山だけれど、そこでは「給料取り」という言葉は非常に軽蔑した言い方だったんだよね。「あいつは給料取りだからな」というのを、ずいぶん聞いたことがある。ではみんなどうやって食べていたかというと、当時の日本の農業人口、お百姓というのが、ほとんど七十パーセントくらいだったんだろうと思う。

――給料を誰かからもらう、ということが珍しかったのですね。

桜井　七割くらいが、自作農であれ小作農であれ、やっぱり「自営業」だよね。小作農も、小作料さえ払えば、後は全部自己責任の世界でしょ。それから、職人もいた。彼らは弟子として修行をして、二十代の後半くらいまで頑張って、やっと一人前の大工、一人前の左官になっていくわけだね。親方のところで修行している時は、ほとんど小遣い銭くらいしかもらわないわけだ。商人はみんな奉公に出ている。小僧から手代、番頭となっていくんだけど、せいぜい三十代に入るくらいに、やっと独立して暖簾分けをしてもらう。

――職人も商人も、「自営業」になるための修行を行うのですね。

桜井　そして、さっき約七割が農家だと言ったけれど、残り三割のうち二割くらいが、商家ということになる。これはもうほとんど親の仕事を継ぐのが当たり前だ。ところが次男坊、三男坊が出てくると、跡を継げないから、職人を目指したり、数少ない「給料取り」である警官になったりしたんだね。だからサラリーマンというのは、極めてマイノリティだったわけだ。

――よっぽどの理由がなければ、「給料取り」にはならなかったのですね。「自営業」の方が家業を継いでいて、地位が高い。

桜井　だから、例えば本家に行っても、「ああ、あいつは給料取りだからな」と言うのが聞こえてくる。私の父が三井物産に入ったのも、父の父、つまり私の祖父が明治時代に田舎の石川県の小さな銀行を経営していて、これが倒産したから、仕方なしにサラリーマンになったわけだよ。母方の祖母は、「桜井家は名門ではあるけれど、太郎さんは給料取りだったからねえ」と言ったそうだ。だから娘を嫁にやるには、「たかが給料取りのところへ何でやるんだ」と思ったんだね。

——あら！　それでもお母様は、お嫁に行かれたのですね。

桜井　どうも父と母は、普通だったら相思相愛にはならないと思うんだよ。あの頃は九割くらいは見合い結婚だからね。ところが母が父と結婚したかったのは、もともと大変な文学少女で、料亭の娘というのが気に入らなかったんだろう。母の実家は旧幕時代に高岡で本陣を経営していて、維新後は料亭も兼ねていた。母は当時では数少ない女学校に入り、色んな本を読んで、東京や海外にも夢があったんだと思う。それで、父と結婚すれば三井物産だから、東京にも、場合によっては海外にも行けると思ったのだろうね。母がそう言ったわけではないんだけれどね。

何を言いたいかというと、それほど「給料取り」というのが低く見られていたということなんだよ。

戦後人気の企業

――「給料取り」の中では、どんな会社が人気だったのですか。

桜井　あの昭和二十六年の頃、大学生がどんな会社に殺到していたかというと、圧倒的に映画会社だった。戦争が終わって焼け野原になって、産業は壊滅して、東芝もトヨタもあったもんじゃない。だから学生の採用なんてとても出来ない。唯一産業として栄えたのが映画、そしてレコード業界。コロンビアとかビクターとかが大変な景気だった。

――戦後、映画や音楽をみんなが求めていたのですね。

桜井　それからプロ野球。戦後最初に復興した業種は、映画とプロ野球なんだよ。戦争が終わった翌年くらいからは、みんな食うものがなくて腹をすかせているのに、野球だけは見たんだね。今プロ野球は十二球団あるけれど、それは昭和二十五年からだ。その経営主体は、電鉄会社と、松竹とか大映とか東映とか映画会社だった。現在の経営主体はＩＴ関係だよね、ソフトバンクとかオリックスとか楽天とか。映画会社なんていうのは一つもないでしょう。物凄く時代を反映しているわけだよね。

昭和二十三年の『野良犬』にも、後楽園で巨人と南海が試合をする中で、三船敏郎が犯人を探す場面があるね。あれは本当の試合を映しているよね。あの映画で、全くのヤミ市や無法地帯を映しながら、野球場も映るというのが、戦後の風景だよね。

朝日新聞社を受ける

――桜井さんが銀行に就職された時は、サラリーマンはまだ全体の二十パーセント台だったのですね。

桜井 そう、私が就職する頃は、まだそのマイノリティの時代だった。私自身は父を見ていたから、サラリーマンというのがどういうものかよく分かっていた。けれど、自分がサラリーマンになるという実感は、どうも湧かなかったんだよ。じゃあどうするかといって、役人、特に東大法学部にいれば役人が一番の近道だけれど、これがどうも私には考えられない。それから当然に、弁護士や裁判官。ところが、私はろくに法学部の授業に行っていなかったし、法律が変わっている最中だし、先生が言っていることは気に入らないし、肝心な民法・刑法・商法に至るまで改正の真っ最中だ。そもそも私は「六法全書なんて、この世につまらんものがあるな」なんて思っていたから、そんな司法試験を受けて弁護士になろうなんてことは全く考えなかった。

――ははは、法学部にいらしたけれど、六法全書がつまらなかったのですね！

桜井　可笑しいね。それじゃあ一体どうすればいいんだということで、私が唯一考えたのは、映画の批評みたいなことでやっていけるんじゃないか、ということだ。その時に湧いたイメージが、前にも話した、子供の頃からずっと気に入って読んでいる、朝日新聞の「Q」というサインの津村秀夫の映画評だった。それで、「そうだ、新聞社に入社して、文化部に入って、映画批評が書けたら」と思った。その頃の朝日新聞は権威があったし、普通のサラリーマンとは違うという気がしていたんだね。そして「それ以外に私の能力や適応力はないなあ」と思っていた。だから、私が就職試験というのをまともに受けたのは、朝日新聞社だけだったんだよ。

——実際にお勤めになられた銀行とは、随分違いますね。

桜井　そう、そういう私が何で、最もなる気がなかったサラリーマン、いや最もなる気がなかったのは、役人や弁護士だけれど、その次がサラリーマン。それにどうしてなったのか。思い出してみると本当にね、例の家庭教師のアルバイトみたいに、全くの偶然とすれ違いみたいなことから、その前の日までは夢にも思わなかった銀行に入っている。こんな就職をした人は本当に少ないだろうと思うんだよ。嘘みたいな話なんだけど、しかしこれを語り残すことは、その頃の就職事情が見えてきて、多少意味があると思うんだね。

――ぜひ伺いたいです！

桜井 記憶が曖昧になっているけれど、朝日新聞はたしか、七次試験くらいまであったと思う。色んなペーパーテストがあって、たしか何人あるいは何十人しか採らないところへ、数千人が受けに来ている。そして最初のペーパーテストで半分くらい落とされ、また次のテストで落とされ、段々人数が絞られてくる。私はたしか、六次か七次かまでは生き残ったんだね。

――ほとんど決定しそうだったのですね。

桜井 そう、「これはひょっとしたら合格するのかな」と思っていたら、ここからが運命というのは面白いんだよ。何とかペーパーテストはパスしたようだから、「これで新聞記者になれるのかなあ」と思ったし、私が朝日新聞を受けたことを知っている友人連中が「お前が早く映画評を書くのを楽しみにしているよ」なんて言って、ささやかな祝の宴が開かれもした。そうしたら、電報が来た。当時はほとんどの家には電話がなかったからね。「シキュウ　ライシャ　サレタシ　アサヒシンブン　ジンジブチョウ」とあった。「へーっ」と思って行ってみると、レントゲン写真に影があるという。「結核になったことがあるか」と聞かれた。「いや、結核になったことはないけれど、それに近い状態になったことはあります」と答えた。たしかに、前に話したように、援農に行った時に一高の校医が診てくれて、結核じゃないけれどもそれに近いということで、援農を助かった。その跡が少し残っていたんだね。

――もう病気は治っていたのですね。

桜井　ところが、「この影が、治った跡なのか進行形なのか、こんな小さなレントゲンの影では分からない」と言うんだよ。新聞記者というのは大変で、深夜まで仕事をするから、健康が重要だ。それで、「去年か一昨年かにレントゲンを撮っていたら、すぐに持ってきてくれ。それと見比べて、進行形かどうかが分かるから」ということだった。ところが私は、そういったものは全く撮っていなかった。朝日新聞の人事部長は、「その影のことがはっきりしない限り、入社するわけにはいかない。一応内定はしてやってもいいが、一年後にもう一遍来てもらって、その時にまたレントゲンを撮ろう」ということだった。

――まさかの展開ですね。

「オンケル」のところへ

桜井　私も「とんでもない、これで一年間も浪人するのか」と思った。そこからが、全く作り話に近いようなことから始まるんだけどね、その足で東大に行って、法学部の助教授のところに行ったんだよ。この法学部の助教授は、平木恵治《ひらきけいじ》という名前で、「オンケル」と呼ばれていた。「オンケル」というのは、ドイツ語で「おじさん」という意味で、そういうあだ名の彼は本当に有名な人だった。

なんで有名かというと、一高に入ったのだけれど、落第か何かで年を重ねて、一高生のまま入隊しているんだよ。詳しくは覚えていないけれど、あの戦争に駆り出されて、たしかシベリアだったたか、ずいぶん苦労をして、やっと日本で復員してまた一高に戻ったんだね。ところが周りはみんな十何歳の一高生だ。彼はもう三十に近い歳だったから、「オンケル」というあだ名が付けられた。

――三十歳近い一高生というのは、面白いですね！

桜井 実際、とても面白い人だったんだよ。一高の寮には結局、全部で十何年いて、寮の主みたいになっていた。そうしたら周りの連中がみんな、彼が何とか身を立てられるようにということで、あの頃の日本はそういうことができたんだけれど、東大法学部の助教授になったんだね。ただ彼は講義ができるようなものは何もないわけだから、学生の身の上相談というか、就職相談、今で言えばカウンセラーのポストを作った。当時の一高の先輩がみんな骨を折ったということだった。

――桜井さんもよくお話に行かれていたのですか。

桜井　そう、このオンケルが本当に麻雀好きでね。私は東大に行っても全然教室には行かずに、映研に行くか麻雀屋で麻雀をするかだった。一方、オンケルはカウンセラーといったって仕事がないから、のべつ麻雀屋に来ているわけだよ。それで私もすっかり可愛がってもらっていたんだよ。それで、私はその朝日新聞の人事部長のところを出て、東大のオンケルの部屋へ行ったわけだ。「さて、どうしたもんだろう」という相談にね。

「映画俳優」との出会い

桜井　ここからがね、私は「偶然」というのは、本当に面白い縁だと思うんだよ。そんな話をしている最中に、一人の男が来た。「おーい、オンケルいるか」と、バーンと入って来たんだ。この人が実は、私のその後の人生を決定した人だった。

彼が入って来た時、私は映画俳優かと思ったんだよ。というのはね、その頃はまだみんな復員服だとか、ボロボロの服を着ていた。それが彼は、仕立ておろしたてのダブルの背広を着ていて、物凄いハンサムだった。それだけじゃなくて、持っている雰囲気が映画俳優みたいだ。私は「一体これは何者か」と思ったんだよね。

——登場の仕方も映画スターのようですね。

桜井　そうなんだよ。するとその人がね、「おいオンケル、一高の奴をもう見つけたか」というようなことを言った。そうしたらオンケルが、正確には覚えていないけれど、「まだいないんだ」というようなことを答えた。すると彼が「おい、何とかしてくれよ」と言ってね。オンケルは、「そういえばここに座っているこいつ、一高だよ」と私を指した。

その人が私に、「君は何しに来たんだ」というようなことを聞いた。オンケルが「いや、朝日新聞を受けて、レントゲンで引っかかってね。どうしようかと相談に来たんだ」と言った。そうしたら彼が、「そうか、君は一高か。レントゲンで引っかかった？ああ、それじゃあ俺のところで面倒をみてやろう」と言ったんだよね。

——偶然の出会いから一気に運命が決まっていくようですね。

桜井　そう、だからもうその前後のことはあまり覚えていないけれど、とにかく、オンケルとその人が一高時代からの親友だということ、そしてその人が、富士信託というところの人だということが分かった。それで彼が「俺と一緒に行ってみたら」と言って、私は半信半疑のまま、その人と一緒に、東大の正門から入ったところの道へ出たんだよ。

ここからが本当に映画みたいな話なんだけどね、まずびっくりしたのは、ブラウン色のキャデラックが一台止まっているんだよね。もちろん進駐軍が入ってきてからはキャデラックを時々は見たけれど、「何でこんなところにあるんだろう」と思った。周りの東大生も珍しがって、そのキャデラックを撫でているんだよね。そうしたら、「これに乗れよ」と彼が言う。「えー」と思って、生まれて初めてキャデラックに乗ったわけだ。

――本当に映画的ですね。

桜井　そう、だから私は狐につままれたような思いだったんだよね。それで本郷から丸の内までキャデラックで行った。夢見心地だったのを覚えているよ。

そうしたら、東京駅前の、今は三井住友信託の本社になっているビルに着いた。その頃はホテルだったんだよ。しかも進駐軍が接収して、進駐軍専用のホテルになっていた。それ以前は、住友財閥は大阪に本社があって、だから東京に支社がある。その住友各社の東京支社だけが入った「東京住友ビル」みたいなものだったんだね。ところが敗戦になって、進駐軍がみんな追い出した。場所も建物もいいから、進駐軍の中でもトップクラス専用のホテルになった。ただその時に、住友銀行と住友信託だけは、一階で営業があって、これは簡単には動かせないから、残されていた。二階はその事務所、三階から上は全部、超高級な進駐軍用のホテルでね。そしてここが面白いんだけど、最上階は、戦前から住友病院の東京分院みたいになっていたんだね。これも病院だから容易には潰されなかった。つまり、住友関連の事務所の間に進駐軍のホテルがサンドイッチになっていたわけだ。

――日本企業が進駐軍を挟み込むようで、面白いですね。

桜井 そうでしょ。それで私は住友信託の事務所に行ったのだけど、これが信じられないほど立派な部屋だった。要するに、当時の住友信託の社長室だったんだね。本社は大阪だから、社長が東京に来た時だけの社長室。私は「ああこの人は社長なのか」と思った。すると彼が「一番上に病院があるから、そこで見てもらえ」と言った。それでエレベーターに乗って、診てもらったんだよ。そこには、これも戦後の混乱だからこういうことが起きたんだろうけれど、アメリカから来た最新の器械が並んでいた。後で聞いたところによると、まだ日本にはほとんどないものだったそうだ。その人が医者に、「先生、この学生をちょっと診て」と言った。そうしたら医者が「ああ、これは肺とリンパ腺をやったのかもしれないけれど、今は完全に治っているね」と言ったんだよ。

――最新の医療機器のおかげで、回復がはっきりと分かったのですね。

桜井 それで二階まで降りて、また社長室に通された。その部屋がデラックスなことはさっき言ったけれど、もう一つ度肝を抜かれたことがあるんだよ。それは、女子職員が紅茶を持ってきた。リプトンという紅茶があったけれど、紅茶というのはまだその頃の日本では大変な贅沢で、人をもてなすためのものだった。私もほとんど飲んだことはなかったし、特に戦後だからね。

そうしたらその男、倉知さんといったんだけれど、彼女に「あれを出してよ」と言った。彼女の後ろに立派なガラスのケースがあって、ウィスキーのボトルが載っていた。彼が何をするのかと思ったら、紅茶のところへウィスキーをドボドボと入れる。それがジョニー・ウォーカーの黒だったんだよ。当時「ジョニ黒」といって、最高級の贅沢品だった。「ジョニ黒」一瓶で米何俵、というほどだ。そのことは聞いていたけれど、私はまだ見たことがなかった。家庭教師のアルバイト先は私に随分贅沢な思いをさせてくれたけれど、それでもジョニ黒なんてものは全くお目にかからなかった。それが、倉知さんはドボドボと紅茶に入れているんだよね。

しかもその女子職員は入江さんと言って、当時天皇陛下の入江侍従のお嬢さんだったんだよ。だからもう本当にエレガントでね。その人が紅茶とジョニ黒を持ってくるんだから、一連のことが本当に映画的に見えたんだよ。

——別世界のようですね。

桜井　そうだね。さてここで、当時の住友信託のことも説明しよう。当時はまだ財閥解体期の真っ盛りだったから、例えば三菱銀行は千代田銀行と言ったし、住友銀行は大阪銀行と言った。そして住友信託は、富士信託。倉知さんはオンケルと同級生で、東京で新入社員の採用を担当していた。本社は大阪で、彼は採用の権限はないけれど、東京の大学の場合は彼が探して大阪に送る、ということをしていた。

さっきも言ったように、その年はまだ一斉採用も何にもなく、各社はそれぞれで採用しているでしょう。住友というのは直系が二十社ある。化学とか銀行とか生命とかね。だけど財閥があった時は、上に住友本社があって、各社はそれにぶら下がっていた。職員は全部住友本社が毎年何十人か採用して、いわゆる「幹部教育」というのを行って、その間に適性を見つけて、この人は銀行、この人は金属、と割り振った。その幹部職員は、帝国大学からしか採らなかった。東京帝大と京都帝大、大阪帝大。その大学の教授のところに行って、推薦してもらって、その学生を幹部職員として受け入れる。これが社員の中の一割くらいだった。その下に高等商業とか普通商業とかから膨大な採用があったけれど、それはまた別として、大学の採用は全て幹部職員だから、住友本社だけが採用をする。倉知さんも住友本社で採用されて、信託へ回された、ということなんだね。

――倉知さんは社長ではなかったのですね。それにしても、すごい存在感ですね。

桜井　倉知さんというのは、実は昔の男爵の息子だった。お父さんが倉知鐵吉という貴族院議員で、大正十四年に議員立法で信託業法というのを作ったんだよ。したがって、大正十四年に日本に初めて信託が入ってきて、三井、三菱、住友、安田、この四つが信託を始めた。だから当時は銀行が付いていなくて、「三井信託」「住友信託」だった。それでそのお父さんは自分が信託業法を作ったわけだから、息子を信託に入れたんだね。住友本社に入って、本人も信託を希望して、本社の人も「あれは男爵の息子だから」ということでね。だから彼には、庶民とは違った雰囲気と感覚があったんだよ。

――富士信託でも、特別だったのですね。

桜井　そうそう。入社前は、倉知さんを見ていて、こんな映画俳優みたいな、べらんめい調子の銀行員があるわけないな、やっぱり信託は違うなと思っていた。でも入社して分かったんだけど、やっぱり倉知さんだけは違うんだね。有名人で、第一に華族の出身で、信託業法を作った人の息子さんだし、物凄い遊び人で、学生時代から芸者をあげていたとか、ダンスの名手だとか、何よりもゴルフがプロみたいだった。まだゴルフをしている人なんてほとんどいない時代だから、よっぽどの遊び人だったんだね。キャデラックは社長用だったけれど、まだ課長風情が偉そうに乗り回していたんだよ。

一高の繋がり

桜井　さて戦争が終わって財閥が解体されると、本社がなくなったわけだ。みんなどうするかということになって、住友信託も他の各社もそうだけれど、直接東大とか京大の教授から推薦してもらって、幹部職員を採っていたんだね。その時にね、本社が大阪だから、旧制高校は京都の三高とか大阪高校出身の幹部がいるわけだけれど、一高というのはいなかったんだね。やっぱり東京で仕事をするために、「何とか一高の奴を毎年入れたい」ということがあったようで、実際毎年一人や二人、一高出身者が入社していた。

それが昭和二十六年に、当時の東大法学部の教授から何人か推薦されたところ、一高出身者がいなかったんだね。それで大阪本社から、「何とか一高を一人くらい捕まえろ」という司令があったようだ。倉知さん自身も一高で、東京駐在常務も一高出身だからね。それで私が入社する前年の昭和二十五年、昭和二十四年に、一高が一人か二人入ったんだね。それがたまたま、昭和二十六年には、何人か決まりかけたけど、一高出身じゃなかったわけだ。

――一高生は相当に尊敬されていたのですね。

桜井　戦前の一高というのは、必要以上に過大に評価されていたと思うんだよ。例の家庭教師のアルバイトも、「とにかく一高生に家庭教師をやらせればいいよ。渋谷のハチ公の広場で捕まえろ」ということで、一高生ならば誰でも良かったんだからね。それと同じような感覚だったんだろう。

――戦後に富山で桜井さんが英語をお教えになられた時も、そうでした。

桜井　そうそう。さてオンケルは相談係だったから、倉知さんは彼のところに何回か来ていた。そしてちょうどその日に、「おい、まだ一高生は見つからないか」と言って入ってきた、ということなんだよ。たまたまその瞬間に私がオンケルの前に座っていた。これは大変なことだよね。

――本当に、大変な偶然です。

桜井　そういうことで、倉知さんが私を後押ししてくれて、「東京では何にも決定権はないから、大阪の社長あるいは人事部長の面接を受けなければならないけれど、どうだうちへ来てくれないか」というようなことを言ってくれた。私にとって富士信託は、朝日新聞以外に唯一の接点を持った企業ということになるんだよ。
それから、倉知さんはその場で朝日新聞の人事課長に電話をしてくれた。「あんたのところを受けた桜井というのが、お前のところではレントゲンで引っかかったらしいんだけど、住友病院で診てもらったら何にもない。これも縁だから、あいつの身柄は俺が預かるよ」というようなことを言った。つまり、朝日新聞の人事部長も一高の後輩だったんだね。それで朝日新聞とは縁が切れたわけだ。

――そこでも一高の繋がりがあり、倉知さんの勢いが発揮されたのですね。

桜井 私はすっかり、キャデラックとジョニー・ウォーカーでぼーっとしているからね。何とも夢見心地で家に帰ったんだよ。

もう一つの偶然

桜井 そうしたら翌日だったか、「大阪から役員が来るから、また来てくれ」と言われた。

――トントン拍子で進んでいったのですね。

桜井 それがもう一つ、偶然があるんだよ。まずは当時の我が家の状況から話そう。その頃に富山にいる父から、例の巻紙のような手紙で、こんなことを言われていた。「このまま田舎に埋もれているわけにもいかんし、何とか戦後の復興もできそうだから、東京に出て仕事をしてみたい。そのためには東京に家が必要だけれど、簡単に東京には行けないから、何とかお前が通い慣れたところから良い家を見つけてくれ」とね。

——戦後、すぐにも不動産売買があったのですか。

桜井　当時はまだ東京は焼け野原だったから、家を探すのは物凄く難しいことだった。私は例のアルバイトで浜田山まで行っていて、あの辺りならいいと思った。というのも、当時の浜田山はほとんど田んぼで、ど田舎だった。その家に行くには、田んぼの中を歩いたんだよ。

それで私は初めて吉祥寺まで出て、不動産屋に飛び込んで、「家を探してくれ」と言った。「学生が家を買うのかね」というようなことを言われたね。

——たしかに、学生がそんなに大きな買い物をすることはないですね。

桜井　たかが学生が親父の委任状を持って家を買ったわけだから、何とも大人になったような気がしたけれどね。それで、「いや、青山で家が焼けて、田舎の父から家を探せと言われたんだ」、「ああそうか」と。そうしたら、井の頭公園の近くに一軒あるが見てみるか、ということになった。これがまた井の頭公園辺りはまことにど田舎で、鬱蒼たる竹藪だった。その竹藪が途切れたところにポツポツと家があった。

——今は浜田山も井の頭公園周辺も高級住宅街で、吉祥寺は賑わっていますから、全く変わりましたね。

桜井 それが当時は、ものの価値がどんどん変わっている時期だったんだよ。その家を買ったのがたしか昭和二十四年のことだったと思うけれど、十八万円の値段だったことをいまだに覚えている。何で覚えているかというと、戦後は天文学的なインフレだったでしょう。戦前の東京では、例えば誠之小学校のある本郷の辺りでちょっといい家だと、大体、四千円か三千円。つまり千円あれば、二階屋の一軒家が手に入った。それが十八万円だからね。あっという間に価値が変わったということだ。父親は七万円の退職金をもらったけれど、そんなものでは十八万円の家を買えない。富山県の田舎の土地を処分して、何とかしたんだね。

——物凄い価値の変化ですね。では就職先を探されていた頃は、もうご両親と暮らしていらしたのですね。どのようなご反応でしたか。

桜井 父に話したら、「自分が離れていたからしょうがないけれど、何で父親を頼ってくれなかったんだ。たまに父親らしいことをさせろ」ということだった。それと、「そんな縁もゆかりもない大阪の会社にいくのか」とね。私は、戦争が終わって青山の焼け野原で父親に再会して、富山に送り込んでからは、もう父親はないものと思っていた。つまり、当時は今みたいに電話がないし、滅多に富山まで行くことはできないから、何もかも一人でやっていたわけだよね。でもその時は「ああ、やっぱり親父に相談するべきだったんだなあ」と思った。

それから父は、「住友信託というのは銀行みたいなもので、とてもお前には合うまい」とも言った。たしかに私も、役人と銀行というのは全く夢にも考えられなかった。まあ日本の映画を観ていても、銀行員なんて出てこないし、たまに出てきても悪役だからね。ほとんど縁もなかったんだよ。

――ははは、悪役ですね！　それでは、倉知さんに一度お断りされたのですか。

桜井　そう、それで近所の店に行って電話を借りて、住友信託に電話をしたんだよ。ところが、倉知さんをお願いしたいと言ったら、倉知さんは今出ているという。「じゃあ入江さんは」と言ったら、彼女が出てきた。「父と相談したら反対されて、せっかく声をかけていただいたけれど、辞退したいから、倉知さんに伝えて下さい」と話した。それで私は、住友信託とも、キャデラックとジョニ黒の縁で終わったなあと思っていたんだよ。

――ははは、それも素敵なご縁ですが！　そうしたら、どのような反応があったのでしょうか。

桜井　これもその頃の日本の状況だけれど、一般の家庭にはほとんど電話のない時代でしょ。電話があったら倉知さんがすぐに折り返してくれたのかもしれないけれど、当時はできないからね。そして、ここからがドラマの第二幕で、よっぽど私はこの会社に縁があったなあと思うんだよ。

――また出会いがあったのですか。

桜井　そう。親父が幾つか連絡を取って、第一物産という会社の社長か誰かと話して、「一遍息子さんを寄こしてくれ」と言われたという。それで、その翌日に私は、第一物産の本社に行った。広い部屋に通されて順番を待った。そうしたら、二、三人先に面接が終わった人が私を見つけて、まるで犯人を見つけたような勢いで、「おーい、桜井、こんなところにいたのかい」と言ったんだよ。

――これまた映画的ですね！　誰だったのですか。

桜井　これが澤野という、一高の同級生だった。何人かいた人がびっくりするほどの勢いでね。何で澤野が私を見つけてそんなにびっくりしたかというと、昨日おじさんから連絡があって、「お前の同級生に桜井というのがいるだろう。何とかその桜井に連絡をしてほしい」と言ったそうだ。そのおじさんというのは誰かというと、富士信託の東京駐在常務だというんだよ。

――ご縁ですね！

桜井　しかも彼は、私の吉祥寺の家まで何度か来ていたから、この面接が終わったら訪ねようと思っていたと言うんだよ。「その桜井がここにいて、びっくりした」と、こういうわけなんだ。それで、今日はおじさんが出社しているはずだから、とにかくこれから一緒に行ってくれと言う。その時私は、縁というものをつくづく感じたんだよね。

――他の会社に就職が決まりそうな瞬間ですから、本当に運命的な出会いですよね。

桜井　第一物産の女性に面接まで後どれくらいかと聞くと、一時間くらいということだった。「では一時間したらまた戻ってきます」と言って、私は澤野と一緒に、たしかその第一物産は日比谷の方にあったと思うんだが、富士信託に向かった。そこで初めて澤野のおじさんに会った。例のジョニ黒のあった部屋に通されて、倉知さんも入ってきたんだよ。

当時の言葉で「一高音痴」というのがある。どういうことかというと、例えば本郷の誠之小学校には「誠之音痴」というのがある。つまり、誠之小学校が全てであって、お互い誠之であるというだけで、もう全部許しちゃうというような、エリート意識の仲間意識ということだ。そして澤野のおじが、全くの「一高音痴」だった。前にも少し話したけれど、「一高音痴」が先輩に沢山いたからこそ、私は住友信託に入って大蔵省のMOF担になった時、これは大蔵省の中を回って新聞記者のように取材するんだけど、どこに行っても必ず一高の先輩がいて、私が住友信託の人間であるというのは二の次で、一高の後輩であるというために「おおよく来た」と迎えてくれた。そのおかげで私は今日まで来たという気がするくらいだよ。

――では澤野さんのおじさんとも、最初から親密な雰囲気があったのですか。

桜井　そう、その澤野のおじは、「事情は聞いているけれども、縁があるのだから、大阪の社長が来た時にとにかく来てくれ」と言ってくれた。また私はグラグラと来た。一遍断っても、また第一物産のところで澤野さんの甥と一緒のところで座っているという、人生の縁のようなものを感じたんだよね。それで、「今日は帰りますけれど、できるだけまた来たいと思います」と言った。私も、倉知さんと澤野さんという二人の先輩が好きだったんだね。

――お父様はどう仰られたのですか。

桜井　帰ってから両親に話すと、父も母も「それは修、縁があるんだよ。その縁を大事にしなきゃいかん」と言う。「ただお前は本当に銀行のサラリーマンなんかできるのか」と言っていた。これが銀行だったら私もできなかったと思うけれど、銀行と信託は違うんだということを倉知さんが言ってくれたし、親父は三井物産で経理を務めたことがあるから、三井銀行も三井信託もよく知っているわけだ。それで「そういえば銀行と信託は違うなあ。それだけ縁があったのだから、第一物産の方は私から言っておくから、富士信託に行きなさい」と言ってくれた。

――ご両親も、ご縁を大事にされていたのですね。

桜井　それで大阪の社長と人事部長が東京に出てきた時に、面接があった。私だけではなくて、あと何人か引っかかっていた人もいたけれど、どうも私に決まっているような感じだった。

それにしても、今の就職事情を聞くにつけ、私みたいに前の日まで銀行の「ぎ」の字も知らないような者が気づいたら銀行屋になっていたというような、こんなことはないだろうね。

――ご縁によって、人生の方向が決まったのですね。

桜井 そうだよね。思い出してみても、あと三十秒でも違ったら、と思う。例えばオンケルの部屋に倉知さんが入ってきたタイミング、父親に言われて第一物産に行き、待合室にいる時に面接が終わった澤野が入ってきたタイミング。どう考えても、そうした偶然が累積しなければ、私は住友信託に入社していなかったんだよ。それにあの時レントゲンに影が出ていなかったら、それでオンケルのところに相談に行かなかったら、ひょっとしたら私は朝日新聞に入って映画批評を書けたかもしれない。この辺は本当にドラマみたいだね。

こうして人生を振り返ると、映画好きでリベラルな両親のもとに生まれたこと、エリートの誠之小学校に通ったこと、小樽に引っ越して様々な生活を知ったこと、そこで病気に伏して乱読したこと、麻布中学に入って自由で面白い仲間と机を並べたこと、一高に入学して先輩後輩の繋がりができたこと、戦争で様々な巡り合わせから私も家族も生き残ったこと、家庭教師先の家族や荻昌弘と出会ったこと、偶然の累積から就職が決まったこと。それらが私のその後の人生も考え方も方向付けた。昭和の小春日和から敗戦直後までの激動の時代を一市民の生活から語る中で、人の一生が縁で出来ていることも見えてくるようだね。

あとがき

桜井修

　このささやかな回想記は、奥山さん、小河原さんというお二人の「映画友達」のご縁と、何年にも亘るその励ましのおかげで、ようやく日の目を見たものである。

「映画友達」というのはたぶん私の造語で、世代を超えて、映画の持つ魅力を語り合う友達という意味だ。普通は世代が違うと、そう簡単に友達であることは出来ない。奥山さんは私の息子世代に近いし、小河原さんに至っては、孫娘と言ってもいい世代である。けれども、映画の場合、世代を飛び越える時間軸を持ち、時代を超え、民族を超えて、人間そのものを見据える表現ジャンルだから、世代を超えて友達であることが出来る。

　私にとって最初の「映画友達」は、母親だった。私の母親は明治生まれの文学少女であり、とりわけ戦前のフランス映画が好きだった。私の子供の頃は、家庭の主婦が一人で映画館に行くのは憚られる雰囲気があった。私の父親は、どちらかといえば体育会系の人間で、映画といえばチャンバラか西部劇しか好まなかったから、母親は、父親とは自分の好きな映画を見に行けない。だから隠れ蓑みたいにして、子供だった私を連れて映画館に行った。その影響で、私は子供の頃から映画に親しみ、映画館に入り浸った。

暗闇の中でスクリーンの世界にいると、最初は子供だから全然分からないが、少しずつ馴染んできた。そのうち、映画の内容もさることながら、母親や周りの観客達が何でこのシーンで笑い転げるのか、何でこのシーンで涙を拭くのかと、大人達の反応が面白くなってきた。それは、個室で一人でＤＶＤを見るのとは、感覚が全然違う。これが私にとっての映画の原点と言えるだろう。


まだ子供のくせに映画館に入り浸っていた記憶は、かつてのイタリア映画『ニュー・シネマ・パラダイス』の主人公トト少年の通りだと思う。この傑作は、シチリアの片田舎の村で一つしかない映画館が舞台だが、その中に、観客の反応をユーモラスに描いたシーンがある。

ロングランの悲恋物を上映中、髭だらけのおじさんの観客が、おそらく数え切れないほどこの映画館に通い詰め、台詞を最初から最後まで覚えてしまったらしく、スクリーンで俳優が口にする前に、思わず声に出して言ってしまう。そして思い出しては、ハンカチで涙を拭う。ラストシーンになると、画面より先に「FIN」と言って、また涙を拭う。この『ニュー・シネマ・パラダイス』は私の一番好きな映画だが、何回もこのシーンを見る度に、この愛すべき髭のおじさんに声をかけ、肩を叩きたくなるような親近感を覚える。

戦後大人になっても、母と二人で多くの映画を観、その感想を語り合った。つまり、母という「映画友達」が私を映画好きにしたと言える。

トト少年のように少年時代の映画への陶酔感が忘れられず、大人になり社会人になってからも、多くの映画を観た。それはちょうど、映画というジャンルが黄金時代に差し掛かり、その峠を越える頃に重なり合う。

そのうちに、いつの間にか「映画通の財界人」というレッテルを貼られ、そのおかげでいくつもの映画賞選定委員会や映倫の委員を務めることになった。

晩年になってからは、色々な同好のグループに加わって、往年の名画談義を楽しんだ。その中で、奥山さん、小河原さんという、世代を超えた「映画友達」が出来た。

お二人としょっちゅう映画談義をしている内に、私はかつての少年時代を過ごした日々の追憶をお話しするようになった。私は、映画の黄金時代に作られた映画史に残るような名作群を、まさにその当時、満員の映画館で観ている。

そうした回想を話していると、その時の映画館に流れていた空気、匂い、人々の反応、そして映画を観終わって映画館を出た時の巷の佇まい、そんなところへ話が脱線していく。それをお二人が熱心に聞いてくれている間に、そんな思い出が私の人生にとってかけがえのない宝物であったんだということを思い始め、それを何かの形で語り残したい、語り継ぎたいという思いを抱くようになった。

しかしそれまで私は、自分より若い世代に昔を語ることを避けて来た。段々とその追憶、回想が錆びついてきて、自分でも封印していた。それは、私が「戦中派」の生き残りだからである。

「戦中派」とは、字引では、「第二次大戦中に少年時代、青年時代を過ごし、価値観の大変化を体験した人々」というような定義がある。私は大正の末年に生まれ、敗戦の年の春にこの国最後の徴兵検査を受けている。いわばぎりぎりのタイミングで生き残ったことになる。そして日本が戦争に負けると一夜にして、それまで天照大神が座っていた場所に「民主主義」なるものが座り込んだ。つまり、全く別の国に放り出された。

戦時はついに吹かなかった神風だが、戦勝国間の亀裂という神風が初めて吹き、誰一人予想したことのない奇跡の経済成長が訪れた。その中に突然また放り出された戦中派は、今度は馬車馬のようにその経済戦争を闘った。そしてこの国は、経済大国になった。

戦中派同士は、共にあの戦争をくぐり抜けてやっと生き残り、同じ価値観を持っているから、結束も固かった。しかしその価値観は、戦前の全てを否定するという占領政策の下、占領軍と日教組に洗脳されたいわゆる「戦後民主主義」で育った世代とは、全くかけ離れている。おそらく、世界史の中でも際立っているほどの世代間断絶がある。これが「戦中派」の置かれた宿命と言えるだろう。

さらに、今の時代はＡＩ（人工知能）という人間性なき確率論の世界に取り巻かれて、日常生活の全てをＡＩの指示に従って一喜一憂している。私から見れば、ＡＩは現代の神のようで、人間が自由を奪われ、人間的な繋がりも失っている。それに親しんだ世代にとっては、戦中派の話はあまりに遠い昔の想像もできない世界だろう。

私は、息子や孫にも、自分の少年時代、青年時代の回想を話すのを避けてきた。家内は戦中世代だけれど、空襲が始まってからは岐阜県の田舎へ学童疎開に行っており、戦争末期の食糧難も空襲も知らないから、昔話は噛み合わない。そして同じ戦中派の間では、今更語り合うことはない。

ところがその戦中派も、多くは鬼籍に入った。私も、人生の幕を引く日が迫るにつれて、何とか今かろうじて残っている追憶、回想を語り残しておきたいという思いが募ってきた。

そんな折に、奥山さんと小河原さんがそれを回想記にまとめたらどうかと勧めてくれた。私は平凡な一市民にすぎないから、そんなものを本にするというのはどうかと躊躇したが、戦中派の最後の生き残りの立場になり、もう生き証人としてこんなことを語れるのは私くらいしかいないという気持ちになってきた。

しかしこの齢になると、もう長い文章を書き残す気力も体力も残っていない。その時に思い出したのが、山本夏彦さんの『誰か戦前を知らないか』(一九九九年、文春新書)という本だった。山本さんはもともと、その警抜な筆致で、私は大ファンだった。この本では、気難しい老世代の山本さんが、その部下のまるで孫のような世代の女子職員を聞き手に、戦前を回想していく。山本さんはすぐ脱線していくけれど、その聞き手がなかなか物怖じしないで、山本さんに茶々を入れて、ユーモラスに戦前という時代を彷彿とさせることに成功している。

山本さんと違って今の私には部下がいないから、それは無理かと思ったら、幸いにも孫みたいな映画友達がいた。小河原さんは映画というジャンルを掘り下げる研究家だが、私の気持ちが分かってくれて、その女子職員の役を演じてくれた。聞き上手な小河原さんのおかげで、私が封印していた回想の糸が自分でも驚くほど解れてきた。

奥山さんは、私と同じように映画好きで、人間が好きで、今の世の中の偽善と欺瞞が嫌いな、辛口の映画評論家であり、警世家である。人生の縁というものは面白く、奥山さんとの出会いを、私は映像ですぐに再現できるほどよく覚えている。私がある席で映画にまつわるスピーチをした日がちょうどアカデミー賞の決定する日で、私がその行方について話していると、「今決まりました」と大勢の中から声をあげてくれたのが、奥山さんだった。それから奥山さんとはしょっちゅう映画談義をし、今も会うと話が尽きない。

そんなことだから、もう何年もかかってこの回想記ができたのは、小河原さんと奥山さんのおかげであり、亡くなった山本夏彦さんにも感謝をしなければならないという気持ちがある。そしてこの回想記が、先に他界してしまった戦中派の仲間への、わずかながらも餞になることを願っている。

あとがき

小河原あや

桜井さんは、深く心に染みわたるような低い声で、一言一言ゆっくりと、お話をされた。初めてお会いした時のことである。話題は、小津安二郎監督の『晩春』（昭和二十五年）についてであった。当時の感慨を交えてのお話は、これまで本作をどこか研究対象として観てきた私に、全く違う世界を開いてくれた。映画が活き活きと私の前に現れたようだった。

それは二〇一六年の夏、桜井さんを囲んで映画についてお話をする、いわばファンの集いのことであった。桜井さんはハットを被った紳士で、こんなにも知性あふれる上品な方がいらっしゃるのかと思った。その声とお話に聴き入り、もっとお話を伺いたい、できれば何かの形に残したいと、そこにいらした方々と話し合った。

そうして同年の十二月から翌年の一月、二月と桜井さんのご自宅に伺い、この本の基となるインタビューを行った。どのお話も、その情景がパッと思い浮かぶ、映画の一場面のようであった。本書を読めばすぐ分かるように、美しいもの、人が生きていく上で大事なものを捉えられる桜井さんのご感性は、聞く者の心を揺さぶらずにいない。

これらのインタビューは私にとって、特別な思い出でもある。というのも、当時私のお腹には新しい生命が宿っていたからだ。桜井さんのお宅の大きな窓からは空が開け、夕方になるとそれは美しい夕陽が見える。桜井さんは「胎教にいいよ」と、お話の合間にじっくりと、茜色の空を見つめるひと時をくださった。ご一緒に美しいものを感じ取る、幸せなひと時であった。私は、桜井さんのお声とお話も、赤ちゃんが喜んでいるだろうと思った。そうして三月末に元気な男の子が誕生した。

再び二〇一七年の十二月から二〇一九年の五月まで、私達は桜井さんのお話を伺った。インタビューの最初から数えると、十四回ほどお目にかかったことになる。

お会いする場所はいつも、桜井さんのお人柄が感じられるところ——上品な面持ちの陶磁器の人形や、輝く動物のガラス細工が飾られたご自宅、窓の向こうの緑が目に眩しく映るレストラン（シェ・モルチェ）、麻布中学時代のご友人のお父様が作られたという、木目の立派な樹齢三百年の欅の木の一枚板カウンターがあるバー（南蛮銀圓亭）など――であった。それは、長い時間を経ても変わることのない、繊細な美や人の縁が、私たちを包み込むようなところである。

ご自宅のあの大きな窓からは、春になると満開の桜、初夏には新緑、そしていつでも広い空が見え、桜井さんとご一緒に眺めた。それは、桜井さんの美しいものを愛でておられる、広く深いお心を反映するような景色である。お目にかかった後はいつも、人生が美しく感じられる。

その中で二〇一八年の夏、桜井さんは戦争のお話をしてくださった。想像を絶するものだった。目の前にいらっしゃるこのお方が、たくさんの死を目にし、しかもその死体は生きていた時の姿をとどめないほど恐ろしいものであり、さらには自分の体の上に重なっていた若い女性が生から死の淵へと堕ちる一瞬を感じられ、いつ自らも死に追いやられるかわからないまま、空腹と糞尿の匂いが絶えずあるような生のぎりぎりのところにいらしたとは……。

私の感じたことを言葉にしようとすると、なんと平板になってしまうだろう。それだけ恐ろしいことであり、今もまだ言葉を失っている。ただ、これだけは言葉にしたい。桜井さんは、全く奇跡としか言いようのない幾つかの偶然を経て、こうして今ここに生きておられる。そして私がそのお話を伺えるのは、またなんというもう一つの奇跡だろうか。

そう、桜井さんのお話からは、いまや消え去ろうとしている昭和の戦前から敗戦直後までの光景が浮かび上がると共に、普遍的な人生の在り方——人々の絆、縁、偶然、運命、そして愛——も見えて来る。象徴的なのは、桜井さんのご両親が空襲を生き残られた理由である。お母様が防空壕に家族アルバムを取りに戻られたというのだ。

桜井さんは、「観終わってからますます人を好きになるような映画が好きです」と仰る。そうした眼差しの優しさ、根底から人の生を大事に思っていらっしゃることが滲み出るお言葉の数々、そして縁や偶然から成り立つ人生の在り方を、いま物質や機械に囲まれて人々の絆を容易に失ってしまう中で、読者の皆様に、また新しく生まれてくる生命に語り継いでいけたら、どれだけ素晴らしいことだろう——本書の完成までずっと持ち続けている願いである。

本書は、奥山篤信さんがいらっしゃらなかったら、完成しなかった。広い視点と具体的な段取りとをもって温かく導いて下さった奥山さんに、心よりお礼を申し上げたい。いつも応援してくれた家族にも深く感謝している。最後に、桜井さんのご自宅で奥山さんやお腹の赤ちゃんと、桜井さんを囲んで眺めた、青く澄んだ冬の空が少しずつ茜色に染まっていくあの美しい景色を思い浮かべながら、桜井さんにお目にかかれた僥倖に感謝をしたい。

桜井修氏との出会い

奥山篤信（おくやま・あつのぶ）

映画評論家、文明批評家。一九四八年、神戸市出身。一九七〇年、京都大学工学部建築学科卒業。一九七二年、東京大学経済学部卒業。一九七二～二〇〇〇年まで米国三菱商事ニューヨーク本店を含め三菱商事に勤務。二〇一四年、上智大学大学院神学研究科修了（神学修士号）。二〇一四年秋より一学期パリ・カトリック大学（ＩＳＴＡ）に留学。著書に『超・映画評～愛と暴力の行方』二〇〇八年（扶桑社）、『人は何のために死ぬべきか』二〇一四年（スペースキューブ）、『キリスト教を世に問う！』二〇一七年（展転社）、『キリスト教というカルト』二〇一八年（春吉書房）がある。『月刊日本』に映画批評を連載、その他『Ｗ・ｉＬＬ』に寄稿している。

桜井修氏と知己となったことは、まさに僕にとってご縁（桜井氏のあとがきご参照）の有り難さである。平成二十三年二月二十八日のことである。東日本大震災の直前、僕は当時、六十三歳であった。それ以来、僕の亡き母親と同世代の桜井氏とは映画を通じての友として、人生の師としておつき合いさせていただいている。

当初は広尾の明治屋のファミレスの、タバコの吸える奥のカウンターで昼食をとりながら語り、その後は同好会である〈映画の友の会〉で二ヶ月に一回ほど有志で映画を語り合った。映画を語りあううちに、世の中の一般について、語りあい価値観を共有する〈不思議な〉親子世代の友人の間柄になったのである。

映画については、僕の浅はかな映画知識とは比べものにならないほどの、桜井氏のご覧になった映画の数、そしてそれぞれの映画の洞察についてはとても敵わない。映画を愛する僕にとっては、キアロスタミを筆頭とするイラン映画やトルコ映画について、桜井氏より作品をご紹介いただき、僕も知らなかった世界に開眼できたのである。僕も基本的にハリウッドや映画先進国フランスやイタリアの映画の良さは評価しているが、映画的には〈映画辺境国〉であるボスニア・ヘルツェゴビナ『サラエボの花』やイスラエル『シリアの花嫁』などに感銘していたのが、ご縁の始まりと言えるのだが…。

僕は桜井氏と同じく、映画とは民族や国境を度外視した人間のドラマとして、そこに人間讃歌があり、なんて人間って素晴らしいのかを実感するのが醍醐味であるとの考えである。だから映画を学術的に、形而上学的に捉えてみたり、モンタージュ理論やら、なんちゃらむんちゃら言葉の遊びでかっこつけの議論するのは性に合わない。

僕にとって映画の大切さは映画が作られた時代のその国の状況やその国の人々の生活などが時代の証人として描かれていることに意味があるということであり、映画を見て、単なる社会の法律や規範に当てはまらない〈悪〉の世界にもキラッと光る人間らしさや正義感や家族愛が輝くとき、そしてその逆の〈善〉の中の偽善や腐敗を見るとき、人生の中で映画から得られる僕自身の〈人生とは何か〉〈人間として生き様の美学とは何か〉などの教訓になっている。

映画で、まず大切なのは監督と脚本家の力量である。次には俳優のうまさと美しい美術的音楽的要素だと考えている。基本的にはストーリー展開の中の娯楽要素も大切だが、人間の美意識や正義感への憧れを裏切ってはならない。だから最近でもやたら多い、あまりにも露骨で、あまりにも虚無的な夢のない映画は桜井氏と同様、僕は生理的に受け入れられない。映画は娯楽性の中に、繰り返すが〈人間ってなんて素晴らしいのか！〉という希望や余韻を残さない映画は好みではない。映画を語るというのは、そんな意味で人と語りあいコミュニケーションの場として最高に楽しいのである。

桜井氏は公生活でもビジネスマンとしてトップで活躍された稀有の財界人でもある。遠藤周作の言う〈生活の場〉において、大企業経営での成功者である。そこには当然、プラグマティズムや合理主義や科学主義などが、経営者としての意思決定に不可欠である。それと同時に〈人生の場〉として深くこの世がどうだったのか、どうあるべきなのかを考えておられ、映画からそれを学んでおられるように感じる。この書にあるように桜井氏の〈回想録〉に心を打たれるのは、そんな桜井氏の人生への取り組みかた、それも人間の素晴らしさをフレッシュなマインドで受け入れ、勇気付けられているそのお心意気だと僕は尊敬し、感心している。

国境・民族を度外視して、どんな僻地でも、どんな不幸な貧困な環境でも、どんな圧政においてでも、人間は一人一人の持っている力、それを支える家族、さらには共同体があり、その中での生き様の素晴らしさが存在することを、そして観るものがその生き様に学び謳歌する一体感が映画から学び取れることができることを、桜井氏と話すたびに共有できることが、僕にとって最高に楽しい瞬間でもある。

最近、特に桜井氏や僕が懸念しているのが、遺伝子操作テクノロジーとAI（人工知能）が支配する人間社会の将来である。

人間は古代の科学が存在しない時代には自然現象を含めてコントロールできない世界に、

オールマイティな〈神の存在〉を崇め、その〈神〉に祈り自己を抑制し平和の中の安寧を祈願した。それ自体、古代の人間の立場になれば、尤もな〈信仰心〉というものだろう。一方、科学が発展するにつれ、古代人が恐れおののいていた宇宙・人間の生命の神秘・自然現象その他の不可解な現象は、科学により証明されている。

科学はこのように自然を解明し、人間の幸せに役立つ多大な貢献をしたのも、いや現在も進行形であるのも事実である。他方、人間が科学の力を借りて造ったものには、邪悪な核兵器をはじめとして、結局は自ら人間を滅ぼす科学のパンドラの箱を開けてしまったのである。遺伝子テクノロジーは今やクローンや人間の万能を遺伝子操作で創り上げる方向にまっしぐらに進んでいる。AI（人工知能）は確率論とコンピュータの巨大容量により、知る限りの全ての過去の事象をインプット可能として、ある現象を予測する場合、過去のデータと確率論を元に、コンピュータが予測し、いわば人間の記憶容量を超えた容量と論理的・数学的解析力で判断し、最も科学的な解答を人間にもたらしてくれる世界と言える。これらはますます先鋭化して止まることを知らず、さらに一人歩きしていくだろう。

言い換えれば、人間だからこそ、人間らしい過《あやま》ちや失敗もするのであって、それこそが人間だと考えるのだが、今や人間の判断の領域までAIは土足で入り込み、人間が予想し判断していた問題への解答を全てコンピュータが最も迅速に確度の高い、ベストに近い解答を与えてくれ、人間は今や自分の頭脳で判断する機会を剥奪されてしまう世界へと突き進んでいるように見える。まさに人間が、人間自身が作り上げたシステムに、逆に支配される時代の到来である。ある論者は〈AI神〉と呼ぶものもいる。この〈AI神〉が人間界を支配するのである。自由主義社会の最も核心的要素は〈選択の自由〉である。しかし〈AI〉社会の到来は、各個人の〈自由な選択〉の決断を〈AI〉の奴隷として〈AI神〉に丸投げする事態を予想するのである。これが邪悪な圧政国家や組織に悪用されればジョージ・オーウエルの『1984』の描く恐ろしい悪夢の実現となる。

桜井氏も僕もこんなAIの奴隷として人間が支配される世界に一切これ以上住みたくない。自分の判断が間違っていた結果、大失敗、大損を食っても、それでも、その方がマシであり構わない。そんな異常な未来世界への怒りは、まさに桜井氏と僕が愛する、人間の人間による人間のための人間らしい〈辺境社会〉への郷愁である。

さて本書は、これもご縁で知り合った、豊かな感性と感受性に恵まれた、小河原あや氏の対談という形で実現した。この三年間インタビューは十四回に及び、それは桜井邸やレストランでそれぞれ平均三時間、桜井氏との対談を真摯に受け止め、まとめあげていただいた。小河原氏の熱意と努力に感謝すると共に、桜井氏とは祖父（孫）とも言える歳の差を、その尊敬の眼差しで聞き取った、彼女の時代を超えた共感の賜物であることを付け加えたい。

戦後派（アプレ・ゲール）の小河原氏や僕が、貴重な〈戦中派〉の昭和の時代への語り部となれればと期待している。小河原氏は上智大学で哲学を研究し、ロラン・バルトも研究し、映画についてもヒッチコックを始めヌーベル・バーグとりわけエリック・ロメール監督についての論文や著書などの実績のある映画研究の将来のホープである。余談だが、おかげで僕もロメール監督作品に大いに共鳴したものである。

僕もたまたま神学を勉強した頃、フランス哲学者ロラン・バルトに関する文献を2、3冊、読んだことがあり、大いに評価していた。そんなこともあり彼女と僕とのバルトについての会話の中で、彼女がバルトより感銘を受けた箇所として、次の言葉がある。

「私は最後にもう一度、私を《突き刺した》いくつかの映像（中略）を、残らず思い浮かべてみた。それらの映像のどれをとっても、まちがいなく私は、そこに写っているものの非現実性を飛び越え、狂ったようにその情景、その映像のなかへ入っていって、すでに死んでしまったもの、まさに死なんとしているものを腕に抱きしめたのだ。」（ロラン・バル

ト『明るい部屋』一九八五年、みすず書房、91頁）

彼女が常々、僕と話していたことを最後に付け加える。

～「追憶、回想」という行為のありようを示唆する上述のバルトの言葉に、映像そして人生をひたむきに生きるバルトの繊細さと鋭さがあり、桜井氏とのインタビューにて、桜井氏も昭和を語られるとき、きっと、このバルトと同じ心境で語られているのだとの印象を受けた。～

桜井 修（さくらい・おさむ）

住友信託銀行（現・三井住友信託銀行）元社長、元会長。

1927年、兵庫県神戸市に生まれる。1952年、東京大学法学部卒業。

同年4月、富士信託銀行（現・三井住友信託銀行）入社。1981年、専務取締役。1984年、取締役社長。1989年、取締役会長。

1990年以降、文部科学省大学審議会委員、映画倫理委員会委員、東京家庭裁判所調停委員、経済同友会教育委員長などを務める。

小河原あや（おがわら・あや）

成城大学非常勤講師。

1976年に生まれる。1999年、上智大学文学部哲学科卒業。2007年、成城大学大学院文学研究科美学美術史専攻 博士課程後期単位取得退学。

2005年から2007年までスウェーデン・ストックホルム大学映画学科に留学。

共著に『映像人類学（シネ・アンスロポロジー）：人類学の新たな挑戦へ』（2014年、せりか書房）、『手と足と眼と耳：地域と映像アーカイブをめぐる実践と研究』（2018年、学文社）、共訳に『北欧の舞台芸術』（2011年、三元社）、『ヒッチコック』（2015年、インスクリプト）などがある。

霧に消えゆく昭和と戦中派
敗戦前後の映画的回想

2019年10月1日　初版第一刷発行

著　　者　桜井修・小河原あや
発 行 者　間　一根
発 行 所　株式会社春吉書房
〒810-0003
福岡市中央区春吉 1-7-11
スペースキューブビル 6F
電話 092-712-7729
FAX 092-986-1838
装　　丁　佐伯正繁
印刷・製本　モリモト印刷株式会社

価格はカバーに表示。乱丁・落丁本はお取替えいたします。

ISBN978-4-908314-12-4
Prnted In Japan